48
51.

Par le marquis de Frénilly. Voy. Barbier.

CONSIDERATIONS

SUR

UNE ANNÉE

DE

L'HISTOIRE DE FRANCE.

Par M. de F...

A LONDRES,

De l'Imprimerie de R. Juigné, 17, Margaret Street, Cavendish Square.

Se vend chez MM. A. B. Dulau et Co. Soho Square; Longman et Co. Paternoster Row; Deboffe, Nassau Street; Boosey, Old Broad Street, Royal Exchange; Deconchy, New Bond Street; et J. M. Richardson, Cornhill.

1815.

AVANT-PROPOS.

Quiconque envisage de grands événemens contemporains se trouve frappé et comme ébloui d'un million de points de vue qui font diverger ses regards. Ces mêmes points de vue se rapprochent à la longue dans le lointain de l'histoire, et la distance leur donne l'ensemble et laproportion.

Mais, d'un autre côté, à qui voit de loin, les parties échappent et les sources disparoissent. L'œil des contemporains peut seul saisir et constater une foule de faits ou de motifs invisible, à l'histoire.

Ceux-ci distinguent mieux les détails et les causes ; celle-là apprécie mieux les masses et les résultats. Les uns peuvent beaucoup voir et beaucoup errer, l'autre peut moins savoir et mieux juger ce qu'elle sait.

Il faut dans ce grand procès que les contemporains instruisent, que l'histoire rapporte et que la postérité juge.

Ces règles ont cependant des exceptions.

Il se joue de loin en loin sur la scène du monde de ces grands drames dont l'exposition, l'intrigue et le dénouement s'achèvent dans le cours de la vie humaine: alors quiconque n'y parut pas comme acteur y assiste comme témoin, et y prononce ensuite comme juge. Les années de révolutions sont des campagnes de guerre; elles avancent la vie, hâtent l'expérience, érigent les contemporains en postérité, et font qu'un siècle comparoît en jugement devant lui-même.

Si nous appliquons ces considérations à la France nous y trouverons en effet de ces événemens dont la violence empêche la durée, qui dépensent en vingt-cinq ans les élémens de plusieurs siècles, et qui par conséquent deviennent en quelque sorte justiciables de la génération qui les a vu naître.

Mais qui osera dire: " Ces événemens sont finis." Chacun s'y trompe. Quiconque est las du chemin aime à se croire près du terme. D'ailleurs l'incomplet répugne aux hommes ; il leur déplaît de laisser la solution du problême à leurs héritiers, ils veulent voir mourir les révolutions avant eux. De là cette hâte puérile à prendre chaque intervalle de repos pour une guérison durable. Les exemples s'en sont multipliés en France ; une seule époque à pu rendre un moment cette opinion spécieuse, mais dès sa source tout œil observateur a pu reconnoître que cette heure de vrai repos n'étoit point encore arrivée.

Nous oserons le dire au hasard d'être traité de prophète du passé ; il y a quinze mois nous avons pensé et écrit ce que la France vient de voir se réaliser. Nous nous flattions alors que la voix d'un citoyen dont la vie n'a point été tachée par la tyrannie pourroit parvenir jusqu'au trône, mais des amis confidens de cet ouvrage reculèrent d'effroi devant ses sinistres présages, et la crainte du même accueil de la part de celui à qui il étoit consacré nous le fit condamner à l'obscurité. Nous nous embarquâmes sur le vaisseau public après en avoir prédit le naufrage, et ne pouvant repousser le danger nous nous forçâmes à l'espérance.

Aujourd'hui que ce naufrage est arrivé, nous nous reprochons ce lâche silence. Notre voix eût péri dans la tempête, mais notre devoir de citoyen eût été rempli et notre conscience acquittée.

Il reste maintenant une tâche plus pénible, c'est celle de rechercher le passé pour en faire la leçon de l'avenir. Le courage ne nous manque pas pour l'entreprendre, mais ce travail demanderoit des volumes, et cependant l'avenir avance à grands pas, et, si on ne se hâte, les faits devanceront la pensée.*

Nous nous bornerons donc aujourd'hui à un rapide aperçu, et si ces prémisses ne sont pas jugées inutiles nous les développerons bientôt dans un second travail.

Il nous restera sans doute beaucoup à dire, car le rétablissement du trône des Bourbons ne termine point la révolution. Si les élémens restent les mêmes elle restera la même et poursuivra son cours. Si on pose d'autres bases elle s'arrêtera,

---

* Ils l'ont devancée en effet, et la date de la publication de cet ouvrage nous a forcé d'en sacrifier une partie.

mais autre chose sera d'anéantir son action ou de détruire ses résultats. Ces résultats terribles qui ont attaqué toutes les parties nobles du corps de la nation, qui donnent aux unes une fermentation grosse de nouvelles crises et ôtent aux autres l'énergie capable de les repousser, ces résultats seront encore long-tems en France une tranquille et légale révolution, moins violente dans ses produits, plus longue dans sa durée, aussi funeste dans ses effets, jusqu'à ce qu'une main de fer et de velours tout ensemble ait achevé, peut-être en un demi-siècle, de briser ses ressorts et d'effacer ses traces. Le bras assez puissant pour opérer un tel changement (et peut-être celui de Dieu peut seul y suffire), ce bras aura pour ennemi une grande licence, mais il aura pour allié une grande servitude. Ne perdons point de vue cette étrange disparate, fruit bizarre et cependant inévitable de la révolution, l'alliance générale de la folle liberté et du honteux esclavage, licence de goûts, de mœurs, de principes, esclavage de fatigue et d'habitude, enfin activité d'esprit et lassitude de corps.

Ces deux principes sont les deux grandes bases d'où on doit partir et sur lesquelles on doit travailler en France. On peut à la longue rectifier l'une par l'autre, les fondre et finir par trouver dans leur juste milieu le gage de la paix et de la prospérité publique.

CONSIDÉRATIONS

SUR

UNE ANNÉE

DE

L'HISTOIRE DE FRANCE.

CHAPITRE PREMIER.

Comparaison de l'état de l'Angleterre au retour de Charles II et de la France à l'avénement de Henri IV, avec celui de la France à la restauration de Louis XVIII.

POUR juger sainement de l'état de la France à l'époque de la restauration de 1814 nous le rapprocherons, en peu de mots, de celui de l'Angleterre lors du retour de Charles II, et de celui de la France même lors de l'avénement de Henri IV.

Lorsque Charles II remonta sur le trône d'Angleterre, onze ans seulement s'étoient écoulés depuis la mort de son père Non-seulement la même génération vivoit, mais elle n'avoit point parcouru ce *grande mortalis ævi spatium* qui change les hommes en menant l'enfance à la maturité et l'âge mûr à la vieillesse. Quiconque n'avoit pas été l'ennemi de Charles I, étoit encore l'ami de Charles II.

Aucun changement ne s'étoit opéré dans les bases de l'état, dans sa constitution, dans son administration.

Dans l'état, la religion avoit plutôt accrû que diminué son empire. Un fanatisme sombre et terrible l'avoit exagérée jusqu'au point de la rendre le mobile de la révolution ; cette base de tout gouvernement n'étoit donc restée que trop solide ; il n'y falloit que retrancher et polir.

La hiérarchie s'étoit conservée dans les classes de l'état depuis les moindres corporations jusqu'à la plus haute noblesse. Cette dernière avoit éprouvé des pertes individuelles mais non une destruction générale. Elle étoit restée la même avec ses terres, ses titres, ses droits et ses vassaux, enfin avec ce droit d'aînesse, conservateur des grandes propriétés comme les grandes propriétés le sont des empires.

La magistrature, les lois civiles, les droits et les devoirs des citoyens subsistoient.

Enfin les esprits n'avoient été frappés d'aucun grand changement, sauf celui de la personne régnante. Ils n'avoient point éprouvé, d'abord la nécessité, ensuite l'habitude, de se plier à un nouveau joug ; à plus forte raison n'avoient-ils pu finir par s'y plaire. La charpente de l'état étoit partout intacte : tout y faisoit corps comme par le passé, et on n'y avoit point affranchi les individus de ces liens qui, en les rendant solidaires à une masse, leur en impriment le solidité.

Dans la Constitution la même chartre existoit, et l'œuvre de Jean-Sans-Terre n'avoit pas subi plus d'altération sous Cromwell que sous Henri VIII ; attaquée sans doute dans son exécution, modifiée dans ses parties, mais révérée dans ses principes qui sommeilloient un tems pour se réveiller un jour vainqueurs de l'oppression. Nous y voyons la même chambre des Pairs, la même chambre des Communes, le même pouvoir exécutif enfin dans des mains violentes et illégitimes, et cependant l'indépendance parlementaire telle encore dans ces tems de captivité que l'opposition, muette depuis sous des rois dont elle n'a rien à craindre, se montra vigoureuse sous l'usurpateur dont elle pouvoit tout redouter.

Dans l'administration ce même usurpateur, par un gouvernement ferme et pacifique, avoit consolidé toutes les bases qui servent de colonnes à la monarchie ; il avoit éteint ou comprimé les divisions, rassemblé l'Angleterre dans un seul corps, sous une même loi, réprimé ce même fanatisme qui lui avoir servi de degré, créé la puissance navale de son pays, augmenté ses richesses, maintenu sa paix et accrû sa considération. Elisabeth n'avoit pas mieux fait. Il ne'ût fallu à cet homme qu'un crime de moins et un droit de plus. Enfin il sembla n'avoir travaillé que pour rendre à Charles II un dépôt amélioré par ses soins.

Telle étoit l'Angleterre lorsque le ciel la rendit à son souverain légitime : mais à de tels motifs de sécurité combien d'autres se joignoient encore !

Le protecteur étoit mort.

Sa famille restée dans les classes de la société ne pouvoit tirer ni du dedans ni du dehors aucun moyen d'influence sur l'état.

Nulles guerres, nuls triomphes, nulles fortunes militaires n'avoient créé une puissance prétorienne qu'il fallût gagner ou détruire. Les généraux puritains ne faisoient gloire que de leur pauvreté.

Rien n'avoit attaché une partie de la nation à la révolution. L'intérêt du ciel ne l'y retenoit plus, et l'intérêt personnel ne l'avoit point remplacé. Nulle spoliation des propriétés n'attachoit leurs nouveaux maîtres à un gouvernement garant de leur usurpation. Aucun nivellement des rangs n'avoit suscité la vanité des uns contre la grandeur des autres. Rien ne lioit la cause des individus à celle de l'usurpateur et ne pallioit la haine du maître par l'intérêt des esclaves. La révolution ne leur avoit rien donné à gagner ; la restauration ne leur promettoit rien à perdre.

Enfin qui rappeloit ce souverain au trône? Etoit-ce un parti meurtrier de son père, encore puissant ou paroissant l'être, qui traitoit avec lui au prix de sa propre impunité, des honneurs et des richesses de l'empire, aux prix de la sanction de tous les principes subversifs de l'état et du trône?

Non. L'Angleterre étoit libre et puissante. Rien n'influoit sur ses délibérations. C'étoit ce même parlement, cet antique représentant de la nation, qui traitoit avec un Roi partie de lui-méme. Le roi ne marchandoit point son trône de ses ennemis ; il le recevoit de ses amis ; je dirois, de son propre parti, s'il n'étoit vrai qu'il n'y avoit réellement plus, à cette époque, de parti en Angleterre. Le parlement lui-même sévit contre les grands coupables, non en vainqueur qui se venge, mais en magistrat qui juge. Nulle clémence ne fut imposée au monarque, et il reçut sans peine un royaume florissant, un trône paisible et un peuple si facile à l'obéissance, que sous le plus foible des rois l'Angleterre, si récemment agitée, n'éprouva aucune secouse digne d'attention.

La France, à l'avénement de Henri IV, présentoit sans doute un spectacle moins rassurant. Examinons cependant s'il ne l'étoit pas beaucoup plus que celui qu'elle offrit en 1814.

Le fanatisme religieux avoit de même servi d'instrument, et l'ambition d'un chef de motif à ses divisions.

Elle n'avoit point alors à se reprocher le même crime que l'Angleterre, car l'assassinat d'un roi n'est que le crime d'un homme, mais son jugement est celui de la nation.

Toutefois en étant moins coupable elle avoit été moins heureuse. Mayenne n'étoit pas un soldat de fortune pour oser et pouvoir autant que Cromwell. Né grand seigneur, il lui falloit avoir des grands pour alliés, par conséquent les craindre pour ennemis. Il n'avoit pas d'ailleurs ce caractère qui fait et soutient les révolutions, et il ne régnoit que sous la tutelle d'une puissance prête à le soutenir s'il agissoit pour elle, ou à le combattre s'il agissoit pour lui-même.

Cette puissance elle-même n'avoit pour levier qu'une exaltation de fanatisme populaire, nécessairement éphémère en France comme en Angleterre, avec cette différence de durée qu'il faut admettre entre un fanatisme bruyant et léger, et un fanatisme sombre et austère.

L'unique et foible soutien de la ligue se trouvoit dans l'intérêt personnel de chacun des grands à éviter des châtimens ou à s'assurer des récompenses.

La ligue portoit donc en elle toutes les sources de trouble et de destruction, et aucuns garants de durée. Incapable de se soutenir elle-même, à plus forte raison n'avoit-elle pu affermir l'état et jouir comme l'Angleterre de onze années de paix et de sage administration. Enfin la France ne pouvoit espérer d'atteindre qu'à la fin du règne de Henry IV cette prospérité dont jouissoit l'Angleterre à la fin de celui de Cromwell.

Mais si la condition de la France, à cette époque, étoit pire que ne fut depuis celle d'Angleterre, elle étoit toutefois loin d'être désespérée ni même inquiétante pour le salut public.

La frénésie du peuple avoit été exaltée par la religion, dirigée par la noblesse, servie par la magistrature. Elle avoit donc nécessairement respecté toutes ces puissances ; les noms de Roi, de prêtre, de noble, avoient gardé leur acception et leur empire ; la même constitution existoit ; l'état subsistoit enfin.

Remarquons en effet, qu'en France alors, comme depuis en Angleterre et comme dans tous les pays qui ont éprouvé des troubles, la révolution étoit dans l'état. C'étoient ses élémens même qui s'y disputoient l'empire. Dans de pareilles données l'agitation passe et l'état reste.

En France, au contraire, dans la révolution de 1789, la révolution fut hors de l'état. Un parti hétérogène, ennemi de ses élémens, naquit au milieu d'eux, s'en sépara, leur déclara la guerre et les détruisit. Dans cette situation les hommes vivent mais l'état n'existe plus.

On ne peut donc entreprendre de comparer ces trois époques de l'histoire moderne.

Il est vrai qu'au coup-d'œil superficiel un parti populaire, exalté et vainqueur, un roi martyr, une sorte de parlement sorti de la boue, renversé par un tyran complice et héritier de ses crimes, ces grands traits semblent établir une certaine similitude entre l'Angleterre et la France ; mais le plus léger examen fait apercevoir que dans l'une la révolution fut finie le jour que Cromwell monta sur le trône, et que dans l'autre elle durera long-tems encore après que Buonaparte en sera descendu.

Ainsi, sans chercher des comparaisons où nous ne trouvons que des disparates, nous passerons à l'examen de la situation de la France au moment de la restauration.

CHAPITRE II.

De la situation de la France à l'époque de la Restauration de 1814.

QUELLES bases restoient en France? *Rien*; car nous n'avons garde d'appeler *bases de l'état* des constitutions qui servent seulement de code aux corps qui le composent et d'application à ses principes. Si parfaites qu'on veuille les supposer, nulle n'a pu vivre et nulle ne vivra tant qu'elles n'auront pas d'autre point d'appui qu'elles-mêmes, ou plutôt tant qu'on s'obstinera à prendre la règle de l'état pour sa base, et la forme pour le fond.

Il ne restoit en France nulle propriété, nul corps, nulle institution, nulle opinion antique, rien qui eût des racines, par conséquent nulle base.

Ici nous nous trompons, une seule restoit, hélas, et la plus vile. C'étoit dans le peuple un besoin de dépendance, résultat naturel d'un fatiguant abus de la liberté suivi d'une longue pratique de l'esclavage; élément négatif, qui ne soutenoit l'usurpateur que comme exempt de résistance et qui devoit manquer au souverain légitime comme exempt de force.

Nous entendons par les *bases* de l'état les corps ou ordres dont il est formé, investis de leurs propriétés, droits et puissance, soutenus de leurs principes antiques et conservateurs, tous garans intéressés de la durée de l'état, de sa religion et de sa morale.

Nous entendons par la *constitution* le contrat qui lie ces ordres entr'eux, et avec le souverain et le peuple.

Nous examinerons séparément la situation de chacune de ces choses en France, au moment de la restauration de 1814.

§. 1.—*Dès Corps de l'Etat et de la Constitution.*

Depuis 25 ans le clergé, la noblesse, les grandes propriétés héréditaires, la magistrature, les corporations de finance, de commerce, de métiers n'existoient plus, et comme si ce n'eût pas été assez pour tout détruire, les principes sur lesquels ils étoient fondés avoient péri avec eux.

A la place de cette vaste pyramide on vit des édifices de papier, des constitutions jurées, des lois écrites, des décrets placardés, mais on ne vit point la force qui les protége, et sans laquelle, constitution, lois et décrets ne valent que le papier qu'ils coûtent.

Que reste-t-il en effet dans cette situation ? Le droit du plus fort. Si c'est le peuple qui l'exerce, il renverse la constitution violemment, sans formalité, pêle-mêle comme la foule. Si c'est le souverain, il la détruit avec respect, et en même tems qu'il désarme le peuple en anéantissant l'esprit de la loi, il s'arme contre lui de sa lettre qu'il conserve.

Ainsi dans la chartre de Buonaparte le peuple ne pouvoit trouver d'égide dans le sénat et dans le corps législatif, et le souverain y puisoit toutes ses armes.

Peu importe donc quelle étoit la lettre de cette chartre. Si on s'y attache et qu'on puisse la supposer religieusement observée, elle étoit trop démocratique pour l'état présent de la France, et le souverain qui l'eût respectée eût abdiqué la couronne.

Partout où il n'y a point de grands corps dans l'état intéressés à se soutenir entre le roi et le peuple, et par conséquent à maintenir l'un et l'autre à leurs places ; partout où ils ne joignent pas la puissance à cet intérêt, il n'existe plus de barrières. Partout où il n'y a point de barrières les lois ne sont plus que ce ruban qu'un maire factieux avoit fait tendre en 1792 aux Thuileries pour séparer le passage du peuple de la promenade du Roi, comme s'il eût voulu donner en cela un emblême exact de la constitution d'alors.

Mais encore une fois ne nous laissons pas abuser sur ce mot *les grands corps de l'état*, car un parlement et ses chambres ne sont pas plus un corps de l'état que le Roi n'en est un. Ils sont la nation même, délibérant sous une formule abrégée, comme le Roi est la nation même agissant sous une formule plus abrégée encore. Je ne vois dans ces deux abstractions que l'état même; je n'y vois point sa base.

On doit cependant admettre que dans la constitution angloise la chambre des Pairs réunit ces deux attributions, mais c'est qu'elle est réellement deux choses à la fois. Elle est la nation en tant qu'elle la représente dans le parlement, et elle est la noblesse en tant qu'elle en réunit héréditairement l'éclat, la puissance, la richesse et l'antiquité.

Ainsi cette noblesse sert d'appui à la chartre, dont, pour augmenter encore sa solidité, elle est partie intégrante. Certes voilà qui est invulnérable, et il n'y a rien à craindre, ni pour un ordre qui représente de plein droit et continuellement un tiers de l'état, ni pour une constitution à laquelle il sert de soutien (*).

(*) Mais, dira-t-on, en France la noblesse représentoit jadis de plein droit un tiers de l'état. Oui, sans doute, une fois par siècles et aux derniers états-généraux il y en avoit deux qu'elle n'avoit exercé de droits politiques et un que toute la

Maintenant si on regarde la chambre des Communes, on trouvera que par la même abstraction on peut aussi la considérer comme un corps de l'état, celui des propriétaires, corps tellement puissant, et par cela même tellement uni, que ses sentimens et ses intérêts se transmettent de candidats en candidats, comme ceux de l'autre de père en fils.

Mais cette constitution toute admirable, toute immémoriale qu'elle est, que deviendroit-elle dans un an, nous ne disons pas si une nouvelle noblesse siégeoit dans la chambre des pairs, si le clergé n'y avoit point de rang, si la religion et la morale avoient été détruites en Angleterre, mais seulement si les membre des deux chambres avoient perdu leur fortune et leur considération. Garantiriez-vous un an de vie à ce solide empire si

---

nation et elle-même travailloient à l'en rendre incapable. Ce n'est peut-être pas, soit dit en passant, une considération indigne de l'histoire que celle des degrés par lesquels la noblesse s'est anéantie en France. On peut en remarquer trois bien distincts. Richelieu lui ôta sa puissance, Louis XIV sa fortune, les philosophes et elle-même sa considération. Puissance, fortune et considération constituent toute l'existence de la noblesse. Il n'en restoit donc rien à la fin du XVIIIe siècle. Un siècle et demi avoit achevé cette grande destruction, et ce qu'il y a de plus étrange, c'est que de ces trois choses la force lui en avoit ôté une seule et la vanité les deux autres ; car elle mit autant d'orgueil à sacrifier sa considération sous Louis XV et Louis XVI, qu'à dépenser sa fortune sous Louis XIV.

ses pairs étoient contraints d'aller aux séances en fiacre et ses députés à pied ?

Dans tout pays où vous placerez une religion puissante, de vraiment grands seigneurs et de vraiment grands propriétaires, la constitution, bonne ou mauvaise par la lettre, ira fort bien. Dans tout pays où vous ne les aurez point et ne pourrez ou ne voudrez les créer, la constitution, fût-elle descendue du mont Sina, fût-elle gravée sur les tables de Moïse, sera bientôt renversée.

§. 2.—*De la Religion et du Clergé.*

Du moment que l'irréligion fut érigée en mode la France fut perdue.

L'irréligion a besoin d'être définie. La foule donne ce nom à l'athéisme : les gens qui ont une religion positive le donnent de même au déisme. C'est une querelle de choses au fond, mais purement de mots dans son rapport avec l'intérêt public. Pour l'état, l'irréligion est suffisamment constatée par le mépris des dogmes religieux ; je ne dis pas de tels ou tels, car il en résulteroit une foi plus grande à tels ou tels autres, des schismes, des guerres de religion, toutes choses qui augmentent et fortifient chaque croyance au lieu de les détruire toutes, mais j'entends le mépris de tous dogmes religieux.

Maintenant revenons à la mode, puisqu'il faut

appliquer à de si grandes choses un mot si frivole, et remarquons que le propre de la mode est de s'emparer des personnes les plus en évidence pour les montrer en exemple aux autres, et comme tout y est vanité, ceux qui en sont atteints vont au plus haut et au plus loin, parce que l'honneur est là comme partout, de surpasser les autres.

La plupart des modes toutefois, bornées à la superficie ou circonscrites au petit nombre, ne peuvent faire, importantes ou frivoles, que des révolutions de peu d'effet. Mais quand il vint à en naître une qui alloit au fond des choses, saisissoit le cœur et les passions, et trouvoit des alimens chez le dernier artisan comme chez le plus grand seigneur l'épidémie dut s'étendre plus loin et y proportionner ses effets. La religion fut donc partout attaquée, affoiblie ou détruite. Quel frein la remplaça?

Dans les premières classes de la société il resta pour barrières l'honneur, les bienséances, l'éducation reçue, l'exemple dû aux autres, toutes les vertus humaines des Caton et des Epictète, quand ils rejetoient une folle mythologie pour s'élever au déisme. Ces liens suffisoient à beaucoup: les grands peuvent être incrédules sans que l'ordre social en soit troublé, ou tout au moins sans que le trouble y soit immédiat.

Mais quand l'irréligion eut atteint les classes

mitoyennes, le nombre des freins fut en raison inverse de celui des incrédules.

Et quand enfin elle eut gagné le peuple, les freins ne furent plus *rien* là où les incrédules furent *tout*. L'action de la foule devint libre avec son opinion, et dès qu'elle fut assez nombreuse pour agir et déraisonner ensemble, les effets furent immédiats et se proportionnèrent au nombre.

Alors comme le peuple est franc et qu'il étoit Roi, la religion détruite de fait, fut détruite de droit, et dans toute la France il n'est resté que les rites, car il a fallu laisser au peuple l'habit dont le corps n'existoit plus. Tous étoient d'accord sur les formes, et ce singulier hommage fut rendu à la foi par l'incrédulité que chacun vouloit de la religion pour tous, et que le peuple sentoit dans son impiété qu'il faut de la religion au peuple.

Tel est l'état où la France se retrouvoit après vingt-cinq ans. Tel est le sol sur lequel on avoit à bâtir, s'il n'est pas plus vrai de dire qu'il s'agissoit de créer le sol même avant d'édifier dessus.

Mais étoit-ce le seul mal, et possédoit-on au moins les matériaux de l'édifice? Nous n'en apercevons aucun.

La religion ne peut s'apprendre ou se persuader sans ministres. Où sont ces ministres? Quelques-uns ont survécu, chargés d'âge et de misère, héritiers chacun de plusieurs troupeaux qu'un prochain abandon menace. Le zèle a péri; les talens ne naissent plus, car tout homme d'esprit l'emploie à douter. Les écoles de la religion sont en ruines, et la crainte des camps a seule peuplé les séminaires.

Les ministres ne peuvent influer sans considération. Où est cette considération? Ils reçoivent de l'état des gages, de leurs troupeaux des aumônes. Quel chrétien l'est assez aujourd'hui pour embrasser par choix un état qui rend la vie pénible à soi-même sans la rendre profitable aux autres?

La considération ne s'obtient de nos jours que par l'éclat, les dignités, la puissance et la propriété, par tout ce qui impose à l'œil de l'homme et soumet son esprit.

Enfin toutes ces choses ne se fondent qu'avec de l'argent.

Ainsi point de religion sans ministres, de ministres sans considération, et de considération sans argent.

Ainsi pour élever le plus saint édifice il faut descendre aux plus vils matériaux, et pour humaniser les choses divines, il faut recourir aux voies humaines, car nous ne sommes plus à ces tems où la religion ardente et nouvelle subjuguoit avec une crosse de bois des peuple ardens et nouveaux; tout ce qui fait aujourd'hui sa ruine faisoit alors sa prospérité. L'obstacle l'éprouvoit, le malheur la dignifioit, et elle étoit dotée par la misère et la persécution.

Mais une religion qui a vieilli avec un peuple corrompu ne se réédifie pas comme une nouvelle se crée. Les gens honnêtes retournent, il est vrai, à la foi de leurs pères, les uns par bienséance, les autres par raisonnement, quelques-uns même par conviction; mais chez le peuple qui n'entend que la persuasion, chez le peuple qui prend et perd plus aisément ses habitudes, elle sera la dernière à y rentrer, comme elle a été la dernière à en sortir.

Une seule chose pouvoit sauver la religion en France, c'étoit un despote dévot. Il auroit créé une génération de moines au lieu d'une génération de soldats; il auroit trouvé des trésors pour les doter. Mais Buonaparte n'étoit que fataliste.

§. 3.—*De la Morale et du Caractère Public.*

Un seul principe existoit en France, l'individuel isme, l'universel égoïsme, fruit naturel d'un tems qui avoit brisé tous les liens.

Plus d'amour du prochain là où il n'y avoit plus de religion pour en faire un précepte.

Plus d'esprit de famille là où la famille se composoit à peine du père et des enfans.

Plus d'esprit de corps là où tout corps avoit cessé d'exister.

Point d'amour de la patrie, point d'esprit public, qui est un patriotisme raisonné, là où la patrie étoit devenue coupable, inutile ou funeste. On retrouvoit même à peine dans la fatigue générale cet esprit de parti qui est l'esprit public divisé et une patrie dans la patrie.

Cet esprit public qui avoit opéré les prodiges de la France et la ruine des autres nations s'étoit éteint chez nous par ses propres excès; et, pour notre perte, il existoit encore en Angleterre, et nous l'avions créé en Europe, de sorte que la France en trouva partout quand elle vint à n'en plus avoir.

Chez la première il avoit continué ses progrès dans un ordre régulier, produisant toutes les merveilles de cet empire, créant des flottes, des armées, de grands capitaines, affranchissant l'Europe, asservissant l'Asie avec autant de facilité qu'il ouvre des routes et fonde des hôpitaux, d'autant plus intime et inattaquable qu'il s'est érigé en mode, et lie chaque citoyen par toutes les chaînes d'honneur, de bienséance et d'orgueil; enfin devenu la seule vraie et solide base de leur caractère et de leur conduite, comme de leur crédit et de leurs richesses.

Dans l'Europe il s'étoit opéré cet étrange changement que, tandis que l'esprit public s'éteignoit en France dont les héros n'étoient déjà plus que des esclaves forcés de le devenir, il s'allumoit de proche en proche dans l'Europe désolée par eux. A mesure qu'il décroissoit chez les oppresseurs il augmentoit chez les opprimés, jusqu'à ce qu'enfin la France, dénuée de jacobins coupables, se trouva avoir créé des nations de jacobins légitimes et popularisé la guerre partout excepté chez elle-même.

Tous les attachemens étoient donc rompus hors un seul, l'amour de nous-mêmes, dont les autres ne sont peut-être à vrai dire que d'honorables modifications, mais qui, réduite à sa valeur intrinséque, est un sol stérile où nulle morale ne germe.

De l'égoïsme naissent deux passions, ou deux goûts, qui sont, à quelques exceptions près, le sujet de toutes nos pensées, le mobile de toutes nos actions.

L'un est la vanité . . . . . Nous disons la vanité et non l'orgueil, vice noble et supérieur, qui prend forme de vertu et qui, ayant plus d'étendue dans ses vues, de hauteur dans ses sentimens, peut s'unir à l'amour de la patrie par la gloire qu'on en reçoit, à la pratique des vertus par l'honneur qui s'y attache, et produire des effets plus purs que leur cause.

L'autre est le goût de la dissipation . . . . Nous disons le goût de la dissipation et non celui du plaisir, car le plaisir peut être choisi, il peut être pur, légitime, fondé sur de nobles principes et fécond en beaux résultats ; mais la dissipation est le choix fait entre tous les plaisirs du plus frivole et du plus dangereux.

De la vanité découle l'ambition. Ce n'est pas cette ambition légitime et même nécessaire qui imprime le mouvement à l'état, le féconde, enfante les arts, les sciences, les talens et les grandes actions, ambition hiérarchique, par laquelle, à cela près de quelques illustres exceptions, chacun, selon son rang et ses facultés, marche au but relatif qu'il peut atteindre, de sorte que tous peuvent aspirer et beaucoup parvenir sans intervertir l'ordre public.

C'est cette ambition exclusive, résultat naturel d'un tems où, ne songeant qu'à soi, on ne laisse point de place aux autres ; ambition qui ne veut point s'arrêter là ou là, mais jamais ; surpasser tel ou tel, mais tous ; montre à chacun un quine à la loterie, et charme la vanité individuelle en livrant l'infini à ses espérances.

Mais ce n'est pas assez que l'ambition de chacun aspire à tout ; il faut encore qu'elle y aspire sans délai, sans mesure. Ce n'est pas assez qu'elle monte au ciel, il faut qu'elle s'y élance, et que le but de la vie des hommes se trouve atteint avant la moitié de leur course, détruisant ainsi cette œuvre de la sagesse divine qui partout a placé le but à l'âge où la force manque pour continuer de la poursuivre, comme pour empêcher par la lenteur de ce développement que l'ambition satisfaite dans l'âge des désirs ne désirât encore et ne se perdît hors des bornes légitimes.

Tel étoit devenu en France le caractère de l'ambition.

De là résultoient nécessairement jeunes magistrats, jeunes conseillers, jeunes généraux, jeunes, ministres.

De là rien que des entreprises rapides, éclatantes et caduques; rien que grandes conceptions développées, exécutées et manquées en moins de tems qu'on n'en mettait jadis à les concevoir.

De là ces fortunes de scandale, escaladées en trois ans d'astuce et d'audace, au lieu de ces austères et solides fortunes amassées laborieusement dans le cours d'une honorable vie.

De là cet esprit militaire signalé, non plus par la discipline, l'honneur et la rigidité, mais par la licence et l'appétit effrené du gain et des places.

De là cette frénésie à s'enrôler dans la chose publique qui tiroit l'un de sa charrue, l'autre de son comptoir et tous de leur état héréditaire, pour les guinder sur la scène du monde.

Enfin chacun eut une conquête pour but dès que tous eurent une conquête pour modèle.

De ce désir d'égaler tout ce qui étoit au-dessus et de surpasser tout ce qui étoit à côté, naissoit encore un état habituel d'effort au-delà des bornes de nos facultés, un luxe dans les classes plébéïennes, non pas comfortable et solide, mais brillant et frivole, non pas le résultat de l'aisance, mais l'affiche de la richesse et le précurseur de la misère ; enfin en tout et partout un but sans proportion, une ardeur sans frein pour l'atteindre, une estime de soi qui vous élève à tout et érige toute préférence en passe-droit, partout égalité avec les supérieurs, domination envers les inférieurs, guerre avec les égaux, tous principes qui ont fait la révolution et qui lui survivent, actifs alors, inertes aujourd'hui, mais vivans, armés et alliés futurs de tout ennemi de la paix.

Maintenant dans ces mêmes âmes agitées de sentimens turbulens ou farouches, ajoutez un goût désordonné de la dissipation qui jette l'homme hors de lui-même, l'isole de sa famille, lui corrompt tous les plaisirs naturels, l'écarte du travail, et ôte d'autour de lui tous les liens qui captivent et disciplinent : voilà quelle étoit devenue la morale des François, et, comme s'ils n'eussent pas été assez dégradés par ces deux mobiles, comme si le ciel avoit voulu les rappetisser à toutes les choses médiocres, en même tems qu'il leur changeoit les sentimens actifs, tels que l'élévation d'âme et le goût du plaisir en vanité et dissipation, il leur changea aussi les sentimens paisibles, tels que la modération et la concorde, en lassitude et en servilité.

§. 4.—*De l'Administration.*

Nous avons examiné d'abord les bases qui soutiennent l'état, ensuite les principes qui le dirigent. Nous allons considérer les leviers par lesquels il agit.

Et d'abord, si nous pouvons reconnoître l'administration civile sous le harnois militaire dont on étoit parvenu à la revêtir, que trouverons-nous si ce n'est une innombrable police chargée de la régie prévotale des impôts et des conscriptions ?

Nous serons effrayés de voir qu'à chaque année du règne de Buonaparte les lois devenoient plus formidables aux administrés, plus pesantes à la conscience des administrateurs, en sorte que, cet homme qui se perfectionnoit incessamment dans le mal enveloppant dans ses progrès tous les ministres de sa puissance, tel qui étoit entré intègre dans une place se trouvoit entraîné à sa suite jusqu'au choix de sacrifier ou son honneur et sa patrie, ou sa famille et son existence, et celui qui eût repoussé l'ensemble du crime succomboit à ses degrés : effroyable éducation qui en a tant pervertis !

Il y a deux sortes d'administrations. Dans la

première un roi compatriote, héréditaire, nourri dans les sentimens paisibles d'une possession légitime, fondu en quelque sorte dans sa nation ; ce roi, fût-il un tyran, gouverne par des lois, des usages ou des bienséances paternelles. Si ce n'est son bonheur, c'est sa gloire, si ce n'est sa gloire, c'est au moins son profit, car toute chose qui dure prospère par la douceur. Il ne s'érige donc point en un être distinct appelé *Roi*, qui traite avec un être distinct appelé *peuple*. Il ne se fait point un intérêt à part, et il résulte de là que les citoyens sont ménagés dans les formes et dans le fond, que l'administration est faite pour eux et non eux pour elle, et que le gouvernement subit sans murmures des embarras et même des pertes dont le fardeau réparti sur la masse dégrève d'autant les individus, et leur rend l'exécution des lois douce et l'obéissance facile.

Dans la seconde un monarque étranger, transitoire, usufruitier de la couronne, élevé sans idées royales, parvenu dans un esprit de violence et de conquête, enfin haï d'un peuple qu'il hait, isole de lui sa cause et sa personne, et dès lors il use du droit du plus fort pour grossir son partage. Alors ce n'est plus un roi, c'est un particulier dans l'état, qui en bon père de sa propre famille songe uniquement à arranger et simplifier sa fortune.

Cette fortune est-elle plus facile à régir par

une loi uniforme, les capitulations des provinces, ces contrats sacrés qui ne pouvoient se résoudre que d'un commun accord, sont brisées par une seule volonté. L'acquittement de ses charges est-il plus simple par l'inscription d'un registre, le titre de ses créanciers est violemment annullé.* Ses revenus sont-ils grêvés de frais, on forme un revenu net en en imposant au peuple la dépense et l'embarras. Si le chef a besoin de cent millions, il accapare les denrées de l'empire, sans s'inquiéter si le mode qui les lui procure coûte un milliard de perte à l'état, et s'il abat l'arbre au lieu d'en cueillir les fruits. Exige-t-il une levée, au lieu de prendre ses victimes chez elles au nombre nécessaire, il faut que tous aillent subir la chance du billet noir, la fatigue et la dépense du voyage. S'il lui faut mille chevaux sur la frontière des Pyrénées, peu lui importe de les lever sur celle de la Flandre, car le laboureur à qui on les enlève sera contraint de les lui livrer à deux cents lieues, nourris, conduits et garantis. Il prendra aux communes trois cents millions de biens-fonds qu'il remplacera par quinze millions de rentes, c'est-à-dire, qu'à un corps éternel il échange une propriété solide contre une pro-

---

* Dans ces deux exemples nous n'embrassons pas seulement l'administration de Buonaparte, mais aussi l'administration jacobine, dont la sienne n'a été que la continuation.

priété précaire et une propriété fixe et durable contre une propriété dont chaque siècle réduira la valeur de moitié. Il est inutile de multiplier ces exemples. Nous remarquerons seulement que dans tout état le système d'un revenu simple et net est funeste et difficile à pratiquer, parce que sur beaucoup de points il ne repose l'administration qu'en fatiguant les administrés.

Ce second système d'administration avoit prévalu depuis long-tems en France.

Observons de plus que, depuis la révolution, qui avoit créé plus de gouvernans que de gouvernés, l'administration étoit restée une nation dans la nation, que chaque nouvelle entreprise en augmentoit les rouages, que l'œuvre qui s'opéroit jadis par un seul homme étoit parvenue à en exiger dix, et que la question n'étoit plus si le peuple administré étoit ruiné par son administration, mais si le peuple administrant ne le seroit pas par la réforme.

Cette immense augmentation étoit en outre devenue une épée à deux tranchans. Si d'un côté elle décuploit la dépense administrative, de l'autre elle décuploit aussi l'embarras et les frais des administrés ; car il en coûte beaucoup plus pour avoir affaire à dix lois et à dix hommes qu'à un seul homme et à une seule loi. Ainsi l'augmentation incalculable de l'administration se composoit, d'une part de la solde des administrateurs, et de l'autre de la perte des administrés.

C'est une des plus bisarres contradictions que présente à l'esprit l'étude de la révolution, que de voir le despotisme, qui ordinairement gouverne par les voies les plus simples et le plus petit nombre, employer pour régner des rouages aussi compliqués. Cette question nous paroît se résoudre par l'époque de ce règne. Tout avoit été anarchique ; les formes l'étoient encore; l'homme seul étoit despote, et ce despote, né lui-même de l'anarchie, en avoit gardé l'habitude. D'ailleurs il ménageoit la source de sa fortune, et sentoit le prix d'une armée de créatures qui ne lui coûtoit que des impôts.

Du même principe résultoit dans les ministères une multiplication bisarre et pénible.

Le ministère de la police-générale, devenu important sous un monarque arbitraire.

Celui du culte et celui du commerce, qui sembloient n'exister que comme une enseigne pour annoncer qu'il existoit du commerce et une religion en France.

Celui de l'intérieur, espèce de ministère des ministères, composé de conquêtes sur chacun des autres, infaisable par un seul homme, et dont l'unique résultat étoit de compliquer toutes les affaires, et d'augmenter les rouages de l'administration.

Tous ces ministères n'existoient pas avant la révolution.

Les préfets en étoient moins libres dans leur administration ; ils devenoient les commis de chacun des premiers commis appelés ministres, et cependant d'un autre côté, sur une foule de points importans, particulièrement sur le mode d'exécution et d'application des lois, ils jouissoient d'un arbitraire qui érigeoit chaque préfecture en un petit empire sous son despote particulier.

Nous passerions les bornes ds cet ouvrage si nous allions au-delà de ce simple aperçu. Nous aurons peut-être lieu d'y revenir dans la suite que nous nous proposons de lui donner.

§. 5.—*De la Magistrature.*

Si nous considérons la magistrature à cette même époque, nous la verrons tombée dans un tel degré d'avilissement, que tous les efforts de cet homme, si puissant pour détruire, n'avoient pu aboutir qu'à souiller un petit nombre de noms illustres sans honorer la foule des noms obscurs. On voyoit, revêtu de l'étiquette angloise, un peuple de jugeurs, qui en usurpoit les formes sans en atteindre la dignité, parce que tout corps est sans noblesse dont les membres sont privés d'illustration et de fortune. Un corps ancien et puissant peut bien donner de l'éclat et du crédit à ses membres, mais un corps foible et nouveau est obligé de les recevoir d'eux.

Cette même magistrature, avilie sans danger pour l'état quand le despotisme ne pouvoit ni craindre sa force ni désirer ses secours, pouvoit, en restant la même, devenir funeste quand un gouvernement plus doux viendroit à réclamer son appui ou à redouter ses principes.

§. 6.—*Des Finances.*

Un léger déficit annuel avoit jadis servi de prétexte à l'invasion révolutionnaire. Voisins d'une nation où le déficit n'est qu'un nom, la dette qu'un mot, et où chaque emprunt augmente la richesse avec la circulation, les François ne voulurent voir dans les dettes de l'état que les dettes du roi, et le roi, considéré comme un citoyen isolé, le fut aussi dès lors comme le débiteur insolvable du peuple entier. Il ne reçut quittance qu'au prix d'une révolution, et dès lors comment ce déficit fut-il comblé ? Les immenses biens du clergé furent absorbés, et la religion périt avec le clergé. Les vastes possessions de la noblesse furent englouties, et la hiérarchie périt avec la noblesse. Une partie de cette richesse colossale passa pour rien dans des mains sordides ; une autre s'évapora dans des bûchers d'assignats. Le numéraire entier de l'Europe vint ensuite par des routes forcées s'amonceler en France, enrichir des agioteurs militaires, combler les caves impériales, et la France, nouveau Midas, vit tout changé en or et mourut de faim ; car l'or oisif n'est que misère, et il ne produit de récolte qu'à qui le sème. Il le fut enfin dans les plaines de la Castille et dans les glaces de la Russie. Il y porta sa juste moisson, et de tant de richesses, toutes volées, toutes perdues, Buonaparte ne laissoit en fuyant que quinze cents millions de dettes à ajouter à la dette déjà fondée, et une défiance qui ne laissoit ni ressources pour l'éteindre, ni crédit pour la supporter.

§. 7.—*De l'Etat Militaire.*

Deux avantages se faisoient particulièrement remarquer dans l'ancienne institution de l'armée.

A l'égard des soldats, comme on ne l'étoit que par choix, les cadres se remplissoient de préférence de gens sans famille, sans état ou sans conduite. Tout ce qui auroit pu troubler l'intérieur étoit donc employé à le défendre, et de là, après une longue habitude d'ordre et de discipline, ces mêmes hommes, assouplis et réformés, rentroient avec honneur dans les rangs de la société.

A l'égard des officiers, la noblesse avoit conservé l'honorable devoir de servir l'état de sa personne. Sa puissance étoit éteinte ; ses obligations seules étoient restées. Jamais l'empire de l'honneur ne fut peut-être plus admirable que là où il consacroit au service du roi et de la patrie une foule d'hommes qui n'y trouvoient que de la gloire à gagner et leur fortune à perdre. On en vint dans ce siècle de démence à ériger leur dévouement en droits et leurs sacrifices en priviléges, et dès lors on leur disputa l'honneur de subir une charge dont ils avoient depuis longtems perdu les compensations.

Qu'est-ce que la révolution substitua à ces institutions ?

Une milice universelle, une moisson générale de la race virile, cueillie d'abord avant la maturité, fauchée ensuite dans sa fleur, violemment enlevée dans des familles chastes et laborieuses, en sorte que, au lieu qu'autrefois l'écume de la France alloit s'épurer dans les garnisons, aujourd'hui son élite alloit se pervertir dans les champs de bataille, aux leçons de la licence et de l'irréligion, à la pratique du pillage, seul aliment d'une armée chargée de parcourir l'Europe sans autres magasins que ses ravages.

Des officiers plébéïens, que leurs soldats passoient souvent en instruction comme en naissance, ne portèrent ni honneur, ni principes dans les camps, et n'y obtinrent ni respect ni considération.

Une immense mortalité produisit d'immenses chances et une insatiable ambition. Le devoir resta une loi et cessa d'être un but. La hiérarchie n'eut plus d'échelons, l'ambition de *nec plus ultrà* relatif.

Il faut l'avoir vu pour le croire. Cette ivresse des camps, cette vapeur des champs de bataille, fascinoient à tel point, que le jeune laboureur, nourri dans la religion, couvé sous l'aîle de sa mère, élevé au doux repos des campagnes, quittant avec désespoir toute la paix de ses jeunes années, étoit six mois après l'assassin dévoué du vieux de la montagne, de victime s'érigeoit en complice, et alloit en furieux ravager l'Europe, faute d'avoir eu le courage de défendre sa chaumière. Des millions d'hommes périrent dans ces horribles croisades, et les rangs de derrière se réjouissoient en voyant tomber ceux de devant.

Ainsi le militaire, exalté par toutes les passions funestes, changé dans son institution, ne se croyant plus fait pour défendre mais pour conquérir, esclave de l'ennemi de la patrie, et dès lors ennemi comme lui de ses propres foyers, devint une puissance séparée, non moins formidable à la France qu'au reste de l'Europe et prête à ravager la première aussitôt que l'autre viendroit à lui manquer.

Ce moment étoit venu, et la fortune juste enfin avoit repoussé cette horde pêle-mêle jusque dans son enceinte.

Tel étoit en masse l'état de l'armée. Voici ce qu'il étoit en détail.

Les nouvelles levées, non encore corrompues par une campagne heureuse, avoient conservé la foiblesse des jeunes conscrits, et ne songeoient qu'à regagner leurs foyers.

Les vieux soldats en petit nombre, car on ne vieillissoit pas, intraitables et féroces, joignoient la rage d'être vaincus au désespoir d'être ruinés.

Les officiers, six fois trop nombreux, formoient à eux seuls une vaste armée, plus à craindre que l'autre en ce qu'elle étoit plus capable de réflexion, de projets et de calculs, autant de courage et moins d'innocence, armée vraiment terrible et animée d'un sombre désespoir qu'elle ne daignoit pas dissimuler.

Les généraux ayant reçu le poli de la fortune, savoient mieux taire leur mécontentement. Demi courtisans, ennemis du maître dont la folie venoit de leur coûter leur considération et leurs richesses, ils eussent peut-être pardonné aux Bourbons leur légitimité s'ils eussent voulu payer de même leurs services.

Mais à tant d'élémens funestes se joignoit un mal qui leur servoit d'antidote. C'étoit un découragement universel, une désertion immense, une désorganisation totale. L'imprévoyance et l'aveugle acharnement du chef avoient gratuitement livré à l'Europe ses armées et ses magasins.

Les moyens de nuire manquoient donc en même tems que le courage.

Enfin l'armée inutile au dehors, mais redoutable au dedans touchoit heureusement au moment de se dissoudre et d'affranchir la France de son plus terrible fléau.

§. 8.—*De Buonaparte.*

Après avoir considéré tous les matériaux de l'état, ou pour mieux dire tous ceux qui lui manquoient, il nous reste à jeter un coup-d'œil sur ce qui en tenoit la place et en remplissoit le vuide, Buonaparte.

Nous tâcherons pour nous conformer au sentiment ordinaire aux hommes (bien ou mal motivé) d'en parler sans partialité, quoique, à vrai dire, la partialité soit juste et nécessaire partout ou un parti est démontré bon et l'autre mauvais.

Cependant il est même en faveur du vice une espèce d'impartialité relative, c'est celle du juge qui condamne un coupable. Elle ne consiste pas à douter du crime, mais à l'examiner sans passion, à le juger de sang froid et à lui proportionner la peine.

Il y eut plusieurs hommes dans Buonaparte. Nous le considérerons d'abord comme général, car celui-là enfanta tous les autres.

Buonaparte élevé dans les derniers rangs de l'armée parvint rapidement des grades inférieurs à la suprême puissance. Sa fortune dans ces tems coupables faisoit foi du chemin qu'il avoit suivi pour l'atteindre. Elle garantissoit ses opinions et son caractère, révéloit sa conduite et annonçoit au monde un homme qui pourroit beaucoup parce qu'il désiroit tout et ne ménageoit rien.

Mais comme si un tel homme n'eût pas été assez dangereux par lui-même, la révolution mit entre ses mains une armée formée d'hommes comme lui, nourris du même lait, inoculés de la même fièvre, encore ivres de leurs saturnales et de leurs triomphes.

Elle lui garantit cette armée inépuisable autant que la France pouvoit l'être, et il reçut d'elle le plein pouvoir de toujours détruire et la certitude de toujours renouveler.

Elle mit encore entre ses mains, pour soudoyer et enrichir cette armée, la fortune entière de la France, et lui livra la plus belle partie de l'Europe à consacrer au seul but de conquérir les autres.

Cependant aussitôt que cet homme avoit passé le Rhin ses ressources croissoient encore, car la terre étrangère servoit de paye à ses soldats et ses dépouilles d'émulation à leur courage.

Enfin une armée si ardente savoit se passer

d'équipages, de magasins, d'ambulances. Les heureux arrivoient ; les malheureux n'étoient pas comptés.

Ajoutons trois choses qui restent à observer.

Cet homme commandoit lui-même cette puissante armée.

Son talent ne l'avoit point créée : la révolution la lui donna toute faite.

Enfin, il n'en étoit comptable à personne.

Lequel des héros qualifiés par l'histoire a réuni, proportion gardée, le quart de ces avantages ?

Maintenant, trouva-t-il en Europe les mêmes élémens pour combattre à armes égales et balancer la fortune ?

Il y trouva d'antiques souverains économes par caractère et par nécessité du sang et du bien de leurs peuples.

Il y trouva des armées circonscrites dans les vieilles lois de la guerre, sobres, sages, disciplinées, chez qui la masse étoit tout et le soldat rien, conduites enfin, non par la fièvre chaude, mais par le tranquille sentiment du devoir. Il les trouva moins nombreuses que les siennes tant qu'il n'eut pas réduit l'Europe à devenir elle-même une armée contre lui.

Il y trouva contre sa puissance unique plusieurs puissances écartées, inquiètes, tour-à-tour unies ou divisées.

Il y trouva enfin des généraux comptables du

sang de leurs troupes, de leur direction, de leurs dépenses, dirigés ou bridés par des ministres.

Telles furent les forces qu'il eut à employer; telles furent celles qu'il eut à combattre.

Il eut long-tems des succès. Qu'en dut-il à lui-même? Quelle dose de talens demandoient-ils?

Pour juger des talens d'un général, il faut le voir combattre à fortune égale et surtout à fortune inférieure, comme on vit Frédéric dans la guerre de sept ans et Turenne dans la campagne d'Alsace.

Que devint Buonaparte dans ces deux épreuves et quel général montre-t-il à l'histoire dans la campagne de Moscow, dans celle de Dresde, dans celle de France? Car c'est par une campagne et non par une bataille qu'il faut juger un homme. Que fut-il même dans les actions où le succès fut balancé; comme à Marengo, comme à Hanau? Est-ce à lui que fut due la victoire dans la première et la retraite dans la seconde?

Si enfin il est vrai, comme on doit le croire, que Buonaparte fut en quelques parties un grand homme de guerre, qu'il eut le coup-d'œil juste et rapide dans un jour de bataille, et que dans les succès il sut bien développer ses immenses moyens et atteindre promptement son but, qui cependant ne rougiroit, dans un siècle appelé le siècle des lumières, d'oser exalter des talens militaires qui, au lieu d'avoir pour but le salut et la discipline des armées, n'ont provoqué que leur licence et leur perte? Qui oseroit traiter de tactique des talens qui n'ont brillé qu'aux dépens de la tactique, qui n'ont fait de l'art de la guerre qu'une destruction simplifiée, enfin qui, de cet art devenu l'une des plus belles législations humaines, fruit perfectionné de la religion et de la science qui établissoit les lois dans l'empire de la force et mêloit à la guerre tout ce qui pouvoit s'y mêler de la paix, n'ont laissé nulle trace, et l'ont fait rétrograder en peu d'années jusqu'à ces tems barbares où une nation se jetoit pêle-mêle sur une autre, et le plus fort subjuguoit le plus foible.

Il est difficile d'examiner Buonaparte dans sa politique, car la politique n'a nul rôle à jouer là où il n'y a d'un côté que puissance et de l'autre que dépendance. Le talent se montre quand on traite comme égal, l'adresse quand on traite comme inférieur, la force seule quand on traite en maître. Buonaparte pesoit les balances comme Brennus et coupoit les nœuds comme Alexandre. Son ministre des affaires étrangères étoit le lieutenant de police de l'Europe et avoit des ambassadeurs pour commissaires.

On ne peut donc l'apprécier que dans les deux ou trois occasions où il a rencontré de la résistance, et où il lui a fallu mettre la négociation à la place des armes ou l'appeler à leurs secours.

Dans ces circonstances, où son foible étoit, comme en tout, d'agir lui-même, la pratique du commandement militaire entée sur son âpreté naturelle lui imprimoit, dans le genre de transaction où les formes règnent avec le plus de droit et d'utilité, une rudesse cassante, incohérente et brusque à tout renverser, par laquelle il appliquoit à l'Europe sa manière de gouverner la France.

Cette méthode, soit calcut soit caractère, lui fit manquer toute négociation qu'il ne put décider par l'épée. Le Pape avec sa seule force d'inertie résista à ses promesses, à sa fraude et à ses violences. L'Angleterre, à couvert derrière l'océan, déjoua ses menaces, ses avances, ses incendies et son blocus. Il finit en s'égarant de plus en plus dans les déserts de sa politique par sacrifier la France et lui-même au désir de ruiner cette ennemie. Il lui livra le monde pour lui ôter l'Europe, et quand on contemple aujourd'hui l'inconcevable degré de gloire et de prospérité où cette île est parvenue on est obligé d'admirer cette grande justice du ciel qui condamna cet homme à exalter et consolider tout ce qu'il vouloit humilier et détruire.

Nous ne dirons rien de la négociation de Moscow où son impéritie completta les malheurs que sa témérité avoit commencés.

Dans une seule occasion la politique fut son arme principale. Elle fut profonde et couronnée d'un plein succès, du moins jusqu'au moment où ce succès entraîna la ruine d'un empire et commença celle d'un autre. Mais, quelque avilie qu'ait pu être cette science, gardons-nous cependant de prostituer son nom à la plus scandaleuse fourberie dont l'histoire ait à rougir, et concluons seulement qu'il n'avoit aucune notion de politique celui qui ne sut avoir que l'astuce du vol là où il n'eut pas l'empire de la conquête.

Comme législateur Buonaparte a eu l'honneur de signer de son nom un code de lois. Les plus beaux édits qu'ait eus la France datent du règne de Charles IX, personne n'a entrepris de lui en attribuer la gloire.

En administration et en finances nous n'appercevons en lui que des vues vagues et nébuleuses, sans cohérence ni proportion et dont la grandeur et la forme s'évanouissent comme les chimères des nuages à mesure que l'exécution vouloit les saisir et les appliquer. La satyre même n'eût pu mieux inventer que la flatterie quand elle créa pour lui ce mot de *grandes pensées*, car cet homme pensoit toujours plus haut que lui. Spéculateur de la même espèce que celui des Fâcheux, si ce n'est qu'au lieu d'ouvrir partout des ports de mer il vouloit partout les fermer, c'étoit un homme qui rêvoit des montagnes la nuit, les commandoit à son réveil et les oublioit le soir, ordonnoit aux betteraves de croître et aux merinos de naître comme aux hommes de mourir, faisoit de l'administration une perpétuelle conquête, et se croyoit habile à créer parcequ'il étoit habile à détruire: homme que la providence, qui sembloit vouloir effacer promptement sa trace, marqua de ce cachet particulier de ne jamais entreprendre que des choses inexécutables ou inutiles quand elles n'étoient pas nuisibles, afin que sa renommée fût réduite à de brillantes horreurs ou à de pompeux colifichets.

En monumens, quels hôpitaux, quelles écoles, quelles églises, quels grands établissemens quelconques a fondés cet homme qui pouvoit tout et qui aimoit à bâtir? Où sont ces nobles et utiles créations, telles que les invalides à Paris, le nouveau Bethléem à Londres? à l'exception d'une ou deux fontaines et de deux ponts dont un est barbare nous ne voyons que luxe inutile, heureux quand il n'est pas ridicule, colonne triomphale, arc triomphal, porte triomphale, palais de Chaillot, temple de la gloire &c.

En travaux publics nous en voyons partout de nouveaux, partout d'immenses, mais ils sont tous dans l'étranger qui devoit sitôt en profiter, tandis que la vieille France étoit négligée quoiqu'elle payât trois fois sous différentes formes l'entretien de ses routes.

En institutions nous n'apercevons que des écoles militaires, mais nous en voyons jusques dans les pensions.

En lois et réglemens administratifs que trouvons-nous ? Des bibliothèques de Statistique dont la rédaction troubloit les campagnes par une inquisition perpétuelle, un cadastre, épée de Damoclès depuis long-tems suspendue qui menaçoit de doubler l'impôt et de spolier légitimement les propriétaires, des lois sur le commerce et l'agriculture, forçant l'une de produire, empêchant l'autre de travailler, tantôt saisissant au loin les exportations comme étrangères, tantôt les brûlant comme angloises, détruisant les manufactures par la ruine de l'Europe, confisquant leurs retours par des exactions lointaines, aujourd'hui vendant des licences et demain forçant d'en acheter ; enfin capitaliste et marchand lui-même, par conséquent opposé d'intérêt à tous ses confrères, ruinant leur négoce pour faire valoir le sien et donnant au commerce un geolier sous le nom de ministre...

Il faudroit des volumes pour indiquer seulement les erreurs et les extravagances de cette administration où tout eût péri cent fois sous un gouvernement modéré et où rien ne se soutenoit que par le ciment universel de la force.

Que devoit-on attendre d'un homme qui n'avoit jamais étudié que dans un polygone, appris que les mathématiques et à qui ses travaux révolutionnaires avoient de bonne heure ôté le goût et le loisir d'en savoir davantage ?

Que, n'ayant acquis aucune idée des lettres, des sciences et des arts, il les mépriseroit et se contenteroit de régir l'état en artilleur. Cet oubli eût été une faveur : il n'eut garde de le leur accorder. Semblable à ces enrichis du systême qui payoient les arts pour se donner un vernis d'honnêtes gens, il les écrasa d'une protection inverse et ils furent honorés par lui comme sa noblesse, sa magistrature et son parlement. *

Louis XIV étoit parvenu au trône fort ignorant, mais il y apportoit un esprit juste et une grande âme. Il employa l'une à sentir, apprécier et modifier toutes les merveilles qui l'avoient devancé comme pour annoncer son règne, et l'autre à les employer et honorer en roi. Alors dans une noble aisance, également loin de la misère qui flétrit les talens et de l'opulence qui les dissipe, elles acquirent dès leur siècle un louable but, la faveur d'un monarque dont l'estime éclairée leur répondoit de celle de la postérité. Il n'y

---

(*) Par malheur quiconque ruine ou détruit les hommes se met par le crime au dessus du ridicule. Sans cela combien l'auteur d'Hudibras et celui du bourgeois-gentilhomme n'auroient-ils pas trouvé de choses à dire sur ce protecteur des lettres, des sciences et des arts.

a de grands talens que là où il y a un but honorable. Elles prospérèrent donc nourries dans un plein repos et fécondées par un juste ambition.

Mais que pouvoit Buonaparte pour les arts? Rien que les avilir et les égarer. C'est ce qu'il fit toutes les fois qu'il les toucha, agissant dans lés arts comme dans les conquêtes il prit le volume pour la beauté, et les rendit gigantesques et barbares. Il accapara leurs produits comme ceux du commerce, réduisit les tableaux à des batailles, l'architecture à des trophées et la littérature à des panegyriques. Non content d'empêcher des chefs-d'œuvre de naître il dégrada ceux qui étoient nés, ôtant à chacun sa patrie, ses pénates, son propre terroir, tout ce qui leur donne leur vraie valeur, pour les entasser comme une vaste conscription dans une même salle, au même jour, sous un même coup-d'œil où toutes ces merveilles vues de près, vues en foule, sans peine et sans illusion perdoient leur dignité, les spectateurs leur enthousiasme et les arts leur mobile.

Les sciences seules résistèrent. Cela devoit être ainsi : rien n'y est relatif, et leur base positive fait que rien ne s'y perd de ce qui est une fois acquis. Il voulut seulement les protéger pour qu'elles le glorifiassent et les payer pour en être flatté : mais, outre que son ignorance l'empêchoit de le faire bien, l'incohérence de son caractère l'empêchoit de le faire de suite, et en cela comme en tout il abandonnoit le lendemain ce qu'il avoit encouragé la veille, fondant un prix pour le galvanisme comme il créoit un concours décennal pour les lettres, mettant par l'espoir du gain dix mille artisans à l'œuvre et bientôt oubliant les prix, l'ouvrage et les ouvriers.

Cette même incohérence lui ôtoit toute mesure dans ses grâces. Des comédiens étoient appointés à soixante mille francs, des chanteurs à cent mille, de petits troubadours étoient pensionnés de deux mille écus : il faisoit un millionaire d'un chymiste et un sénateur d'un géométre. Protection négative, pire qu'un oubli total et même qu'une persécution, mais qui cependant fut rare ; car, au milieu de sa frivole et intermittente ostentation, il étouffoit au berceau le germe de tous les talens par la misère et l'oppression, le corrompoit dans l'enfance par l'éducation, et le détruisoit dans l'adolescence par la conscription.

Quel caractère enfin servoit de base à cet édifice, et quelle morale servoit de base à ce caractère ?

Buonaparte fut un homme extraordinaire. Expliquons et jugeons ce mot que l'usage ennoblit comme tout ce qui est grand et redouté.

Cet homme fut extraordinaire. Il fallut un siècle de folles doctrines et douze ans de leur application pour l'exalter jusqu'au trône et dégrader tous les autres jusqu'à le servir. Non de tels hommes ne sont point ordinaires.

Le ciel à les former se prépare long-tems.

Mais quand à l'ambition avec tous les vices qu'elle renferme et au succès avec tous ceux qu'il développe il se joint que l'ambitieux est parti, non du trône où presque tout le chemin est fait, mais de la fange où il n'est pas commencé, pour tout envahir, et cela dans un tems civilisé où depuis long-tems chacun a sa part faite et sait la défendre, cet homme ne doit donner à la terre que des spectacles inouïs. Subjuguer une partie du monde n'est rien; immoler une partie de la génération est un mal qui passe. Alexandre, Attila, Gengiskan l'ont fait : mais corrompre tout un peuple, confondre chez lui toute notion du juste et de l'injuste, le faire servile et impie, devenir le Mahomet de l'athéisme et raser jusqu'aux fondemens tous les matériaux qui pourroient reconstruire l'état ; c'est une œuvre immense, accomplie en peu d'années et que peut-être les siècles ne peuvent détruire. Voilà ce qui constitue véritablement, non pas seulement un homme extraordinaire, mais un homme unique.

Toutefois oserons-nous le dire? Dans cet homme unique nous ne voyons rien de grand que la petitesse des autres.

Nous lui retrouvons partout cette inconséquence, véritable foiblesse de la puissance qui ne cède pas à la volonté des autres, mais qui ne sait ni régler ni garder la sienne, cachet particulier de son caractère qui devoit le conduire par la même route du néant au trône et du trône au néant. Nous le voyons partout prompt à entreprendre, rapide à abandonner, téméraire à envahir, pusillanime à défendre, ne prévoyant jamais d'obstacles et ne les surmontant jamais. Chacun de ses conseils porte en lui l'élément de sa ruine, et à la difficulté de succès et de durée ordinaire aux choses colossales il joint la versatilité qui devançoit la nature en les renversant avant elle. Tout cela est humain et naturel : on n'accomplit point sagement ce qu'on a follement projeté : on ne conserve point en Henri IV, ce qu'on a acquis en Charles XII.

Cette inconséquence ôta tout masque à son caractère ; car, tandis qu'il n'avoit pour barrière à ses vices que le besoin de les dissimuler, elle la lui faisoit franchir en toute occasion. Elle lui refusa le mérite de l'hypocrisie : elle fit plus, elle fit qu'étant hypocrite sans constance il le fût sans fruit et en recueillit la honte sans en avoir le profit.

Cette inconséquence le montra par tout comme un comédien, et lui fit partout un théâtre ; car, après que cet homme avoit représenté l'empereur juste, religieux et clément, le premier mouvement naturel lui ôtoit sa pourpre et laissoit voir le jacobin arbitraire, impie et féroce. Alors on jugeoit l'homme de représentation par l'homme de la nature.

D'ailleurs, même dans ses grands rôles, il ne sut jamais jouer naturellement. Il fut toujours un acteur outré. Son grand masque et ses hauts brodequins avertissoient de son personnage et son affectation d'être grand trahissoit sa bassesse comme son affectation d'être simple trahissoit son orgueil.

Et qui ne sait combien ces grandeurs d'âme de parade sont faciles aux despotes ! Ils en trouvent à chaque pas l'occasion. Celui qui condamne toujours trouve aisément à pardonner, celui qui prend partout trouve aisément à rendre. Il ne faut qu'y joindre un jargon sophistique, des formes heurtées, des manières à l'effet calculées pour le tableau ou le drame : vous aurez hurlé avec la lie des jacobins, massacré Toulon, mitraillé Paris, envahi et dévasté la France et l'Europe ; le cri est jeté, le pli pris, la servitude acceptée : après cela faites un don ou une grâce d'éclat ; bâtissez des tombes à ceux dont vous usurpez les palais, et le vulgaire et peut-être l'histoire vous constitueront grand homme sur cette étiquette. Les bons rois, les princes légitimes chez qui le trône est naturel n'ont guères d'occasions pour ces grandeurs d'apparat. Leur bonté a un cours uniforme qui exclut ces grandes représentations.

Le peuple qui en jouit toujours n'a nul sujet de s'en étonner. Ces rois ne font point de grandes plaies à la société, et ne peuvent faire compter pour bienfaits l'exception au mal qu'ils font. Ils sont moins loués parcequ'ils ont moins d'esclaves : leur bonté enfin ne s'apprécie pas par la servitude des louanges, mais par la liberté des critiques.

Pour achever de rendre cet homme le fléau de l'humanité, la nature et l'éducation mirent en lui, non pas un scepticisme, mais une foi négative absolue et générale sur tout ce qu'il y a de positif dans la religion, la morale et la métaphysique, réduisant tout à la démonstration géométrique, faisant de toutes choses divines et humaines jeu et préjugé et n'admettant rien de certain que le carré de l'hypoténuse.

Elle unirent en lui à la pratique du plus furieux despotisme la théorie, le goût, la profession de toutes les idées républicaines ; elles lui conservèrent de vieilles inclinations d'enfance fondues dans son caractère et par lesquelles il allioit à la couronne de fer la liberté spéculative ; enfin l'instinct d'un jacobin et la conduite d'un despote, deux choses disparates au premier coup d'œil, mais qui au fond s'entraîdent merveilleusement, puisqu'il résulte de la première une liberté illimitée dans l'exercice de la seconde.

Enfin il résultoit de toutes ces données ce qui

devoit en résulter dans une âme étroite et qui juge tout sur sa propre échelle, un mépris sans exception pour toute la race humaine dont il se faisoit le type ; peut-être moins inconséquent en ce point seul qu'en tous les autres, car, si Tibère méprisa justement Rome esclave d'un César combien Buonaparte ne devoit-il pas mépriser la France esclave d'un Corse.

Prononçons enfin hautement et franchement ce que vingt ans de remarques indépendantes nous ont jour par jour confirmé, que jamais et en rien cet homme n'a mérité le nom de *Grand*. Ceci sera jugé partial par ses partisans publics ou secrets, car il en reste quelques-uns de bonne foi, et ils se consolent de le croire un grand coupable par la joie de l'appeler un grand homme ; toutefois ils sont trop solidaires avec lui pour que leur voix ait quelque poids dans l'histoire, et elle n'admettra pas en témoignage ceux qui auront eux-mêmes à subir son jugement.

Mais que dis je ! c'est ici une de ces étranges occasions où l'homme doit être jugé au tribunal de son siècle. Il faut être témoin du crime pour l'apprécier à sa valeur. Il y a une énergie de sentiment, une force d'indignation qui n'est que l'effet naturel du mal sur une âme droite. La justice y est alors exaltée sans exagération. Le tems qui use tout efface à la longue ces impressions. Le mal s'atténue pour qui ne le voit ni ne le souffre. L'histoire arrive enfin ; elle prend sa balance, pese sans passsions l'assassin et la victime, et fait froidement une impartiale injustice là où les contemporains montrèrent une équitable partialité*.

Il importe donc, et surtout dans un siècle qui a mille moyens de publier son opinion, de la graver sur le diamant et de la transmettre à ses derniers neveux, il importe que ce siècle ne laisse pas prescrire le droit de juger ses propres coupables. Il ne faut pas que ses justiciables puissent décliner son tribunal et croire leur cause commise à la postérité. C'est ici un jugement prévotal : le délit est flagrant, l'identité prouvée

---

* Cette vérité *que le mal s'atténue pour qui ne le voit ni le souffre*, est un de ces adages bannaux qui redeviennent nouveaux parceque depuis long-tems la conviction dispense d'y réfléchir et que chacun les reçoit tous faits sans prendre la peine de les examiner. Il n'y a presque pas un lieu commun de morale qu'on ne pût ainsi retrouver tout neuf si on vouloit le développer. En prenant celui-ci pour exemple, que d'erreurs on verroit découler d'un jugement porté de trop loin. Nous ne parlons pas seulement de la distance des tems, mais même de celle des lieux qui produit le même effet, de sorte que pour connoître d'avance le jugement de l'histoire sur un fameux conquérant, il suffit d'écouter celui des étrangers contemporains que ses ravages n'ont pu atteindre. Ils se croient justes et impartiaux comme l'histoire, ils ne sont qu'égarés et indifférens comme elle.

et la justice urgente. L'histoire écrira ensuite, mais sur des procès-verbaux en règle, sur des preuves incontestables. Elle recevra ses sentimens tout faits, ses jugemens dictés, et les contemporains lui auront sauvé le malheur d'être égarée ou servile, le danger de tromper l'avenir et la honte de le pervertir.

En commençant cet examen de Buonaparte nous nous sommes promis d'être impartiaux. Nous n'en avons dit que du mal et croyons avoir tenu notre promesse, car l'impartialité ne peut trouver des compensations là où il n'y a que du mal.* Tel fut ce légataire universel de la révolution qui par un héritage immense a réuni sur sa seule tête les crimes de tous les vainqueurs, comme la fortune de tous les vaincus ; héritage qui eût été au moins viager s'il eût su conserver la moindre mesure dans ses vices, la moindre conduite dans ses crimes.

Tel étoit enfin l'état de la France, son gouvernement et ses maîtres quand cet homme descendit du trône pour faire place à un roi légitime et à une paix universelle.

---

* Ils se trouvera des Jacobins et même d'honnêtes gens engoués d'une impartialité timorée qui ne seront pas de cet avis. Le monde est plein d'hommes de bien qui ont le cœur droit et l'esprit faux, et ils sont d'autant plus dangereux qu'ils se reposent sur la droiture de leur cœur pour se laisser aller avec confiance à la fausseté de leur esprit.

CHAPITRE III.

De ce qu'il convenoit de faire dans cette situation.

Pour nous étendre sur ce chapitre, il faudroit répéter hors de saison ce que nous écrivîmes, il y a quinze mois et s'exposer au ridicule de donner des conseils un an après l'événement.

Cependant, si c'est un travail vain et désespérant de chercher la cause de ses maux, quand ils sont sans remède, c'est au contraire, une recherche utile et raisonnable toutes les fois qu'il y reste de l'espérance. Et où n'en reste-t-il pas ! Il ne faut pas remonter au-delà d'une année pour voir qu'aux plus grandes ruines Dieu garde des trésors au-delà de notre entendement. Cet examen donc n'est point une question oiseuse aujourd'hui que l'avenir se présente semblable au passé et que le ciel semble vouloir nous offrir une seconde épreuve. Les reproches du passé servent de conseil à l'avenir.

Mais, comme le sujet de ce chapitre rentrera naturellement dans le développement du chapitre suivant, et dans celui du chapitre VII de cet ouvrage, nous nous contentons d'en indiquer le but pour être fidèles à l'ordre de notre travail.

CHAPITRE IV.

De ce qui a été fait.

§. 1er.—*Au moment de la Restauration.*

On laissa Buonaparte abdiquer. Reconnoître la validité de son abdication, c'étoit reconnoître celle de son règne.

On laissa le sénat prononcer sa déchéance. Par cette seule démarche il s'arrogea deux droits qu'il n'avoit pas, vis-à-vis de Buonaparte celui de le détrôner, et vis-à-vis du roi celui d'exister. Le sénat erra donc et usurpa dans le désordre. Cela étoit naturel; mais son erreur ou son ambition ne pouvoient valider un faux titre ni nuire aux droits d'un tiers. Abdication, déchéance, rappel, tout étoit nul. Il n'y eut de positif que le consentement ou la violence qui les réalisèrent.

L'homme qui s'arrogeoit le droit d'abdiquer fut souffert à quinze lieues de Paris à la tête d'une armée. Là il fut l'auxiliaire naturel de ceux qui lui ôtoient la couronne contre celui à qui ils la donnoient, et ils se résignèrent à le craindre pour le faire craindre au roi. Si Buonaparte eût été écrasé à Fontainebleau les jacobins l'eussent été à Paris.

Une humanité spéculative conserva la vie, des armes, des richesses, des pénates enfin à un être proscrit non-seulement par la raison politique, mais par toutes les lois divines et humaines. On alla jusqu'à se forger, en sa faveur, je ne sais quel respect matériel de la couronne, comme si ce symbole sacré sur un front légitime devenoit un gage d'impunité sur celui d'un usurpateur; étrange et déplorable abus des idées généreuses qui porte au-delà des justes bornes l'usage de la perfection morale et propage le vice par l'excès de la vertu.

Enfin on subit la nécessité de traiter avec les jacobins: on mit une main pure dans des mains souillées; on échangea un noble et premier serment contre des sermens prostitués; on donna de bon or pour de la fausse monnoie. On voulut penser (c'étoit au moins une excuse) que ces hommes étoient puissants parcequ'ils s'efforçoient de le croire et de le persuader: on fit ainsi de leur force apparente une force réelle.

Le premier cri de Paris et de la France offroit à lui seul une arme suffisante pour anéantir immédiatement les débris du parti et donner au roi une pleine liberté de régler l'avenir. Mais, pour pardonner au peuple françois on amnistia ses fléaux. Pour honorer la nation on érigea en nation ses oppresseurs. On refusa même d'inspirer le plus léger sentiment de cette crainte à laquelle la servitude et l'habitude publique étoient toutes préparées.

On a dit en repaîtrissant le limon de la vieille révolution, " la France est accoutumée aux ré-" sultats de la révolution; c'est une nouvelle na-" ture; elle n'en adoptera pas une autre; il faut " s'y conformer." Oui, elle y étoit accoutumée, mais comme un prisonnier à ses chaînes. D'ailleurs cette idée est contradictoire. Si la France étoit accoutumée à tous les principes subversifs de la paix, de la morale, de la religion et du gouvernement, il ne lui falloit pas un gouvernement pour ses principes, mais contre eux.

Ce premier pas dans la route monarchique enchaîna tout, lia l'avenir à un honteux respect du passé, ressuscita les Jacobins écrasés sous une première terreur, fit chanceler devant eux l'opinion qui les tenoit sous ses pieds, divisa l'esprit public par l'inquiétude, affoiblit tous les tenans du trône, donna (ce qui est plus funeste) la mesure de sa force, et sous une nouvelle forme de contrat riva tous les vices de la révolution, consacra l'absence de toutes les bases de l'état, le triomphe et non le pardon des crimes, des transactions au lieu d'amnistie, un accueil des ennemis qu'ils taxoient de crainte, un oubli des amis qu'ils accusoient d'ingratitude et qui faisoit perdre les uns sans acquérir les autres, une constitution foible et marchandée, un parlement qui après avoir vendu la France à l'usurpateur étoit prêt à la disputer à son roi, une noblesse ruinée, un clergé détruit, une magistrature nulle . . . Enfin tout le trône, tout l'édifice de Buonaparte et de la révolution surmontés d'un Bourbon et intacts à la force près qu'on en avoit ôtée.

Nous avons gardé pour la dernière une faute plus dangereuse que toutes les autres et digne d'être considérée à part.

Non content de se borner à exiler Buonaparte, on conserva soigneusement son allié, le seul véritable empire existant en France, l'armée! cette armée entière frappée de terreur et de découragement, cette armée désorganisée achevoit de se dissoudre. Nous l'avons vue couvrir de ses débris les routes, les campagnes et rentrer par milliers dans ses foyers. Il n'y avoit là nulle violence à employer, il suffisoit d'ouvrir les portes et de laisser aller. Sa dispersion eût d'abord isolé et ensuite dispersé cette masse effrayante d'officiers, les seuls qui pensassent et qui, enrichis, mais non rassasiés au service de Buonaparte, le rappeloient de tous leurs vœux.

Mais, dira-t-on, mais, disoit-on alors en parlant des officiers: " songez-vous au danger de dis-
" tribuer soixante mille mécontens dans le roy-
" aume pour y faire des prosélites ? n'est-il pas
" plus sage de les tenir sous sa main, présens au
" contrôle et pliés sous la discipline militaire?"

Oui sans doute, si vous avez une autre armée supérieure et sûre pour plier cette armée révoltée. Mais, si vous n'en avez point, ce n'est point elle qui est pliée par vous et c'est elle qui vous plie ; elle n'est pas votre force, mais votre foiblesse. Enfin soixante mille révoltés pour lesquels on n'a ni prisons ni chaînes nous plaisent mieux dispersés sur 25 mille lieues quarrées un à un, sous l'œil de la police, que réunis en corps et grossis de soldats pour exécuter leurs volontés.

Il falloit ou gagner ou détruire, ou sacrifier la fortune de l'état pour gagner l'armée ou sacrifier l'armée en faisant économie et sûreté à l'état. Le second étoit facile et certain, le premier étoit périlleux, douteux et ruineux(*.)

Nous avons encore entendu faire, au sujet de l'armée et par des personnes en place, ce raisonnement qui a prévalu. " tout ce que vous propo-
" sez peut être juste et vrai pour la France con-
" sidérée en elle-même : mais est-elle seule dans
" le monde ? et si vous lui ôtez son armée
" quelle résistance opposera-t-elle à l'Europe ?
" Quel y sera son poids ? Quel rang y conser-
" vera-t-elle ?"

(*) Nous savons par des données certaines que le trésor royal payoit encore dans l'été de 1814 au-delà de 800,000 hommes. C'étoit acheter la ruine entière de la France par sa ruine pécuniaire.

Nous diviserons notre réponse en deux époques.

1°. Quand au moment présent deviez-vous hésiter entre la crainte imaginaire de l'Europe qui venoit de vaincre pour vous, qui par un traité aggrandissoit vos états, qui a besoin de votre poids dans sa balance, qui avoit sauvé Paris de Buonaparte et la crainte d'une armée rebelle et prête à conquérir pour lui ces mêmes états respectés par les étrangers. Pouviez-vous hésiter entre un ennemi douteux que tout montroit en allié et un ennemi certain et implacable à qui vous laissiez pour auxiliaire toutes les forces de l'empire. Vous n'aviez pas besoin en France d'avoir des soldats contre l'Europe, mais de n'en pas avoir contre vous-mêmes.

2°. Quand à l'avenir, il est hors de doute que la France doit reprendre avec le tems une attitude militaire proportionnée à sa puissance, car cette grandeur d'âme européenne peut ne pas toujours durer. Hé bien le tems l'auroit fait. Le tems vous eût donné une armée de gens dévoués au roi, ou du moins non dévoués à Buonaparte. Les mœurs militaires ont trop prévalu pour que cette œuvre eût été difficile.

Enfin y eût-il eu quelques dangers à rester sans armes devant l'Europe, ce danger n'approchoit pas de celui d'en donner à Buonaparte.

Ne dissimulons point ici que la vie ou la mort de

cet homme apportoit une modification immense à nos raisonnemens, et que ce que son existence rendoit imprudent et fécond en terribles résultats pouvoit devenir, s'il eût été détruit, possible à une longue patience, à une intention constamment uniforme et à une grande fermeté.

Après avoir accusé des grandes erreurs il est juste d'avouer qu'une partie de ces demi-mesures qui ont respecté tous les vices existans et fait d'un Bourbon un chef légitime de la révolution ont été prises par force. Ne taisons point, à l'honneur de la sagesse et de l'expérience royale, que des concessions dangereuses furent imposées pour condition du trône, et qu'il eût peut-être fallu avoir alors le courage ou le moyen d'opter entre leur acceptation et le refus de la couronne.

Mais disons cependant toute la vérité et ne taisons point aussi cette erreur d'une grande sagesse humaine pour que toute sagesse humaine se défie, que ce qui n'a point été imposé par la force a été conçu par la volonté, délibéré par l'intention, mûri par de longues spéculations, et que vingt-cinq ans de calculs sur la France parurent au meilleur des rois un droit de la juger, une donnée sûre pour l'apprécier et une compensation pour l'expérience du plus pénible des trônes.

§. 2.—*Dans l'année qui a suivi la Restauration.*

Les chaînes qu'on avoit reçues au moment de la

restauration rendoient la marche difficile. Celles qu'on s'étoit volontairement imposées la rendoient plus difficile encore.

Car, à l'égard des premières, on pouvoit avec le tems les soulever et les modifier ; on y eût trouvé pour auxiliaire toute la masse saine de la nation. On eût été absous par la nécessité, en écartant un joug imposé par la force.

Mais, à l'égard des secondes, il auroit fallu combattre ses propres inclinations, réformer ses propres idées, enfreindre ses propres engagemens.

Le roi porta les premières chaînes par religion et les secondes par conviction.

Partons donc du point établi, et voyons ce qu'on en pouvoit faire et ce qu'on en a fait. Ne perdons pas de vue surtout que, dès qu'on avoit laissé subsister Buonaparte sans anéantir l'armée ou l'armée sans anéantir Buonaparte, tout devenoit à peu près impossible.

La France vit alors sur le trône un roi déjà au-delà de l'âge mûr, qui avoit reçu sa seconde éducation à l'école du malheur, un roi signalé par sa grande prudence, ses mœurs pures et sa piété douce, révéré pour le courage de sa résignation, le sang-froid de son caractère et sa grandeur d'âme à préférer l'infortune à l'humiliation. Enfin, à tant de vertus que tant de François n'étoient plus dignes d'apprécier, ce roi joignoit encore une éloquence naturelle, un esprit brillant, une instruction étendue et tout l'empire des grâces, dons particulièrement faits pour gagner des cœurs françois : il y joignoit l'amour de la paix, l'amour de ses sujets, le respect religieux de ses devoirs et de leurs droits. Il fut nommé *le désiré*, il eût dû être nommé *le sage*. Il fut sage en effet, et Charles V, qui obtint et mérita ce nom ne l'eût peut-être point reçu dans ces tems difficiles. Qui pourroit en effet comparer cette sagesse humaine qui triomphe à la longue des maladies de l'état, là où l'état et tous ses élémens existent, avec cette sagesse au delà de l'humanité qui parviendroit à recomposer l'état détruit et ses élémens dissous, et cela quand le peu de moyens qu'elle eût pu trouver dans une autorité absolue lui sont d'avance déniés.

Nous irons plus loin : plus cette sagesse humaine étoit parfaite dans son sens absolu, moins elle étoit adaptée aux hommes qu'elle devoit gouverner. Tant de vertus ne suffisent pas (car *vertu* ne veut plus dire *force*) pour régner sur les François de nos jours ; la douceur ne peut se montrer à eux qu'après la force et le père qu'après le juge. Ils le sentent, ils le savent ; ils vous demandoient un despote ami, légitime et royal au lieu d'un despote de néant, ennemi et étranger et vous avez réfusé le despotisme de Henri IV à une nation accoutumée à celui de Buonaparte.

On commença par s'imposer, par la constitution, la loi de conserver toutes les formes nées de la révolution.

Supposons que ce mal fût inévitable : on eût pu le neutraliser en se réservant de grandes facultés pour recomposer les bases de l'état, telles que la hiérarchie, le culte, la magistrature, l'instruction publique &c.

Trois moyens s'offroient pour y parvenir. Le premier étoit que la chartre stipulât en principe leur rétablissement et réservât au roi le droit de l'opérer. Le second qu'elle réglât d'avance leur institution suivant les vues du roi ; mais ce moyen étoit moins bon en ce qu'il précipitoit des mesures qui demandoient à être mûries. Le troisième étoit qu'elle passât ces grands objets sous silence en laissant implicitement à la puissance royale des attributions assez vastes pour lui permettre d'en disposer par la suite.

Alors en conservant les formes de la révolution on pouvoit y échapper sur les points fondamentaux.

On pouvoit encore se ménager par la constitution même un moyen de parer à ses dangers. Ce moyen étoit que le roi ne s'imposât point une période obligée pour la réunion de son parlement, un tems fixe pour sa durée, et une division annuelle pour son renouvellement, toutes garanties données au peuple contre le roi dans un tems où il ne falloit songer qu'à en donner au roi contre le peuple, garanties illusoires d'ailleurs, car un Buonaparte pouvoit les détruire, et un Bourbon pouvoit l'être par elles ; garanties enfin qu'on édifioit pour les rois suivans et les siècles futurs, tandis qu'elles devoient empêcher les rois suivans de naître et les siècles futurs de prospérer.

On pouvoit se faire assurer par la chartre une masse fixe d'impôts indirects et une d'impôts directs déterminés pour plusieurs années.

Alors le Roi eût pu au besoin proroger indéfiniment un parlement dont il eût été mécontent, se donner le tems d'en former un plus convenable, et éprouver enfin ce qu'il auroit bientôt reconnu, c'est qu'il pouvoit exercer seul l'empire de sa constitution sans craindre d'obstacles chez un peuple qui avoit su souffrir un empire arbitraire.

Ces premières données étoient loin encore de recréer les élémens nécessaires à la conservation de l'état, mais du moins elles ne les refusoient pas : elles ouvroient la route à leur rétablissement, et dans la position qu'on avoit acceptée elles pouvoient servir d'étais au trône jusqu'à ce qu'il eût pu reconstruire ses véritables bases.

Mais la religion du monarque s'opposoit à une politique nécessaire. On fit donc une constitution foible pour le roi, forte pour le peuple, et on l'observa.

A l'égard de l'administration, on avoit à opter entre deux partis, l'un de la livrer à des ennemis instruits, l'autre de la confier à des amis ignorans. Tout homme en place depuis vingt-cinq ans étoit la créature de Buonaparte; tout serviteur du roi vivoit depuis vingt-cinq ans dans la retraite. Ces règles n'avoient que peu d'exceptions.

On crut devoir avant tout s'occuper du bien particulier de l'administration. Dans ce principe presque toutes les places importantes furent données ou laissées à quiconque pouvoit faire preuve de ses services sous l'usurpateur, et on consacra en règle générale ce qui devoit être toléré par exception.

Mais en ne s'occupant que de la question subsidiaire de faire prospérer l'administration, on en négligea une majeure, celle de soutenir le trône. On s'occupa de meubler la maison, tandis qu'il s'agissoit de la sauver. La question étoit bien moins dans ces circonstances inouïes d'assurer à la France un an ou deux de plus de conduite régulière dans une administration vicieuse que de confier son gouvernement à de loyaux amis du trône. Elle eût peut-être souffert faute du premier, mais elle devoit périr faute du second. Enfin on étoit en guerre, et dès-lors des ignorans dévoués au roi, fermes, hardis, décidés à tout faire pour le trône et contre ses ennemis, étoient bien plus nécessaires que des administrateurs de talens éprouvés mais de foi douteuse. D'ailleurs, d'une part les talens d'un homme qui vous sert à contre-cœur sont plus à craindre qu'à rechercher; de l'autre il faut avouer qu'il est peu de places dans l'administration dont un homme de bon sens et de droite intention n'acquière promptement la connoissance.

On écarta donc par des longueurs, des difficultés, un froid accueil, les martyrs de la royauté. On sembla se vanter à ceux qu'on craignoit du sacrifice de ceux qu'on aimoit. Avoir perdu son rang, son bien, son sang pour la cause publique, avoir vécu dans l'exil et dérobé sa tête aux grâces de l'usurpateur, étoieut des titres de refus. Parmi les ministres, les uns par un faux calcul des intérêts du roi, les autres par un très-juste de ceux de Buonaparte, suivoient fidèlement cette même route et convergeoient en ce point. Il suffit, pour juger de l'erreur des uns, de voir quel fut le succès des autres. Tout élan de patriotisme fut partout réprimé. « Ne soyez pas plus roya« liste que le roi," étoit devenu un adage commun et l'arme et le dicton de ceux de ses serviteurs qui ne l'étoient que de nom. Et certes il falloit pour le salut de la chose publique être en effet plus royaliste que le roi. Il falloit pour valoir à la patrie ce que valoit un jacobin à Buonaparte, être prêt à donner sa fortune et sa vie pour le roi, prêt à lui dévouer plus qu'il ne demandoit, à le servir malgré ses ministres, à l'aimer malgré ses administrateurs, à lui rester fidèle malgré lui-même. Voilà le sentiment d'un vrai François ; et cependant ces Vendéens, ces hommes énergiques, reste d'un feu sacré que tant de maux et de fers n'avoient pu détruire, ces hommes tout Romains, qui dans une seule personne, dans un seul culte confondoient leur Dieu, leur roi et leur patrie ; ces hommes chez qui s'étoit réfugié tout l'honneur éteint de la France, le seul titre de vraie et légitime gloire qu'elle ait à produire dans le grand procès de l'histoire, qui pour prix de tout leur sang versé pour leurs rois ne demandoient que l'honneur de les défendre encore .... ces hommes s'entendoient dire froidement par un commissaire ou un sous-préfet, « Ne soyez pas plus royalistes « que le roi. »

Oui, sans doute, il falloit être plus royaliste que le roi. Et qu'est-ce qu'un royaliste en France? Est-ce un courtisan, un valet de l'œil de bœuf? Non, c'est un patriote, et c'est la seule juste acception de ce mot si follement déshonoré. En France un bon roi personifie en lui cet être abstrait qu'on nomme patrie ; il en est la tête ; il est, si nous l'osons dire, la patrie incarnée : mutation heureuse qui crée une patrie visible et palpable, en rend l'amour facile et y mêle ce noble sentiment de tendresse et de dévouement qu'on ressent bien mieux pour un homme que pour vingt-cinq millions et le sol qui les porte, qui donne enfin au patriotisme françois ce caractère aimant et chevaleresque qui le distinguoit de ceux de Sparte, de Rome et de Londres.

Par les mêmes principes on conserva à Buonaparte sa police pour fomenter ou taire les conspirations, ses magistrats pour les absoudre, ses écoles pour lui former des sujets dans l'immoralité, l'athéïsme et l'horreur du nom des Bourbons.

Enfin, sans entrer dans l'examen des considérations étrangères qui en furent la cause, un an se passa sans que la religion et le clergé eussent obtenu, non pas leur restauration, mais le plus léger soulagement.

Cependant on s'occupoit d'écouter et même de consulter et de suivre l'opinion publique qu'il eût fallu diriger et qui, long tems étouffée par Buonaparte, se fût réjouie d'être libre sans s'attendre à être maîtresse. Il falloit, avant de lui demander des conseils, la rendre digne d'en donner.

Ayant donné au gouvernement de telles bases et de tels agens on dut par une suite naturelle se voir en butte à un état de guerre avec des armes de paix. On vit bientôt éclore des conjurations, des correspondances criminelles, des écrits séditieux, des émeutes populaires, et on leur opposa la constitution. On la leur opposa par des mains ardentes pour Buonaparte, glacées pour le Roi. Beaucoup de délits furent même passés sous silence pour éviter la honte et le danger d'une poursuite inutile. Ainsi tomboit dès ses premiers jours l'édifice public à peine encore réparé, et cependant, on ne sauroit trop le redire, jusque dans ces extrémités une volonté ferme eût tout réparé, car la volonté fait tout; elle crée la puissance, et Buonaparte n'eut qu'un art de régner et de tout asservir, celui de vouloir bien ou mal, mais fort, à toute heure et partout. Il falloit, ou interpréter la chartre, ou la mettre franchement de côté, aller droit au salut public, faire et promptement et dans Paris même deux ou trois actes de vigueur. Vous auriez eu tout le peuple pour y applaudir, la maison du roi au défaut de la garde nationale pour les exécuter, et le parlement pour les légitimer dès qu'il auroit vu que vous sentiez votre force. Un exemple fait à propos eût permis d'en faire cent autres, ou plutôt en eût dispensé. Qui empêcha de le faire? Des montagnes de petites craintes, de ces futiles considérations qui éparpillent la volonté aux détails et l'empêchent d'aller droit aux grandes choses; des ministres perfides ou des ministres pusillanimes, effrayés d'une responsabilité dont la chartre même ou, à son défaut, une intention prononcée eussent dû écarter la puérile discussion. Nul mot en effet n'est plus vuide de sens; car si le roi est le plus fort, toutes les perfidies d'un ministre ne l'empêcheront pas d'être invulnérable au parlement; s'il est le plus foible, toutes ses vertus ne l'empêcheront pas d'en être persécuté, et vos chambres auront toujours des Dubois pour maîtres ou des Strafford pour victimes. Il faudroit supposer une balance égale, ce qui demande cent ans de paix intérieure, et les bases qui vous manquent. Dans tout autre cas la responsabilité n'aboutit qu'à mettre le roi en tutelle et changer le trône en olygarchie.

On a sans cesse accru la puissance du parlement en recherchant sans cesse son alliance, en se faisant une affaire d'état de le persuader, capter et circonvenir. On s'est toujours voulu croire comme en Angleterre, cest-à-dire, devant des hommes dont le nom, les dignités, le crédit, et surtout l'immense propriété disposoient du royaume, tandis que l'on étoit encore devant les muets ou les échos de Buonaparte, gens appointés pour enregistrer des lois qui venoient de s'enhardir jusqu'à les discuter, et joignoient à l'avantage d'être pensionnaires de l'état la vanité de s'en croire les défenseurs, mais toutefois armés de leur seule croyance, sans force dans l'opinion publique, sans crédit que les ménagemens du roi, sans appui que sa bonté.

Le roi auroit été paternellement aussi maître dans ce parlement que Buonaparte l'avoit été tyranniquement avant lui. Il n'avoit qu'à vouloir, et il le devoit pour sauver la France; mais par malheur les rois paternels veulent moins et moins fermement pour édifier et soutenir que les tyrans pour opprimer et détruire.

Enfin la sagesse du roi fut grande, douce, constante dans sa marche, honorable dans son but. Tout y fut digne de sa noble cause; tout y ressentit l'amour et le pardon de son peuple, l'oubli et le sacrifice de lui-même. Mais cette sagesse, que des malheurs communs eussent justifiée, qui eût peut-être réussi dans toute autre époque de l'histoire, fut, si nous l'osons dire, trop sage pour un tems de démence ou de crimes. On diroit qu'un Bourbon, un frère de Louis XVI, un roi légitime enfin, est peut-être nécessairement trop bon pour régner sur des hommes à qui il eût fallu donner les extrêmes impossibles, le bras de Buonaparte avec le cœur et la tête de Louis XVIII.

CHAPITRE V.

De l'état de la France lors de l'invasion de Buonaparte.

Cet état étoit brillant comme les premiers beaux jours d'une convalescence. Mais il étoit aussi fragile.

Examinons-le d'abord par son beau côté.

Tous les symptômes de prospérité se manifestoient au dehors ; une sage économie, une austère bonne foi avoient déjà ranimé les finances ; le crédit particulier renaissoit avec le crédit public ; le commerce ressuscitait ; les ports se remplissoient d'ouvriers ; les mers se couvroient de vaisseaux ; la confiance entreprenoit tout ; l'espérance complettoit tout.

Une teinte d'esprit national commençoit à reparoître. Quiconque est bien logé aime sa maison, quiconque est heureux aime sa patrie. L'amour du roi, le vrai patriotisme, faisoit des progrès ; il étoit l'espoir de la France ; il en fût devenu le salut si on l'eût développé au lieu de le comprimer.

La paix générale régnoit après vingt-cinq ans de guerre ; l'expérience et la fatigue la promettoient longue et douce. La sagesse du roi valoit au dehors une armée ; elle y rétablissoit la considération de la France. Il avoit su, par de prudentes lenteurs, donner à son trône le tems d'accroître son poids au congrès. On l'y avoit vu couvrir d'une noble égide un souverain que lui seul avoit peut-être le droit d'abandonner. Enfin dans la balance politique il avoit suppléé à l'épée de Louis XIV par le sceptre de St. Louis, et l'Europe étonnée cherchoit déjà des leçons de sagesse dans ce même pays fameux par une si longue démence.

Cette résurrection a quelque chose de miraculeux. Elle touche le cœur; elle flatte l'imagination. Examinons maintenant ses bases, ou, pour mieux dire, cherchons quels étoient ses élémens de durée et quels étoient ses élémens de destruction.

Qu'on nous pardonne dans une si importante question de hazarder quelques redites. La chose publique étoit si semblable alors à ce qu'elle avoit été un an auparavant qu'il est difficile de les éviter.

Quelles concessions avoit obtenues la noblesse? on l'avoit *rétablie* (formalité qui, pour le dire en passant, cause quelque surprise de la part d'un souverain qui, de plein droit, datoit de la 21e année de son règne et prenoit le nom de Louis XVIII). On l'avoit rétablie, c'est-à-dire, qu'on lui avoit rendu ses titres. Elle avoit recouvré sa livrée, mais le corps y manquoit. Tranchons le mot, la noblesse étoit encore, politiquement parlant, aussi nulle qu'en 1813, car, par malheur, antiquité, vieille gloire, beaux noms, grands titres, exercent peu d'empire partout, et encore moins chez un peuple frustré de tout préjugé, quand il ne s'y joint pas la puissance réelle des grandes terres, des grands droits, et de tout ce qui donne du poids à l'homme et à la corporation.

Quels changemens avoit éprouvés le clergé ? On lui avoit permis des processions : c'étoit la seule concession qu'une année eût produite. Le corps le plus important de l'état, puisqu'en lui il implique la religion même et est garant au prince de l'obéissance des sujets ; cet ordre qui n'en est point un partout où de riches établissemens, de vastes propriétés n'éternisent pas sa grandeur et ne lui soumettent pas les sens avant les consciences; cet ordre n'avoit rien obtenu, n'espéroit même rien obtenir (car on s'étoit ôté les moyens de lui donner). Ses sandales étoient encore toute sa fortune, son zèle toute sa puissance. Mais, plus malheureux que la noblesse, son existence viagère l'avoit réduit à un petit nombre; ainsi, non-seulement les richesses lui manquoient, mais les hommes achevoient de s'éteindre.

Quel étoit l'état des propriétaires ? Cette portion de l'état qui n'eut jamais une existence politique en France comme en Angleterre, ayant ici moins d'influence avoit eu aussi moins à perdre ; mais elle avoit eu trop à gagner. Expliquons-nous. Les anciens grands propriétaires avoient perdu leurs fortunes, et tout ce qui avoit existé d'honorable dans cette classe se trouvoit tombé dans une médiocrité qui ne leur laissoit plus de crédit public. Ceux qui se présentoient aujourd'hui révêtus des grandes propriétés, les avoient acquises à vil prix, pour de honteux assignats, par la spoliation des anciens maîtres, avec les gains d'un scandaleux agiotage. Enfin presque tout ce qui étoit pur étoit ruiné; presque tout ce qui étoit opulent étoit souillé. Les anciens riches ne pouvoient donc plus former un corps faute de propriétés, ni les nouveaux faute de considération.

Quelles réformes avoit subi la magistrature? Ces parlemens, ces cours souveraines, leurs attributions, au moins civiles, leur crédit, leurs vastes propriétés, leur esprit de corps surtout (ne perdons jamais ce point de vue), enfin toute cette puissance qui n'avoit pu être nuisible à l'état que parce qu'elle pouvoit lui-être utile, on n'avoit pas jugé convenable de la recomposer; on s'en étoit même interdit d'avance les moyens; mais, quand on eût voulu le faire, on eût à peine retrouvé dans la misère les noms qui les avoient illustrés; à plus forte raison n'eût-on pu recueillir leur fortune éparse dans les débris de la révolution. Quand à ce grand nombres d'homme pensionnés pour juger, quelque intègres et honorables qu'ils pussent être individuellement, on ne peut sérieusement examiner s'ils pouvoient former un ordre de quelque poids pour le soutien de l'état.

L'administration étoit encore encombrée d'une foule onéreuse. Les mêmes principes y subsistoient, la même marche y régnoit, les mêmes hommes la dirigeoient à quelques exceptions près ; rien n'annonçoit l'intention de réformer aucun de ses vices.

Dans des degrés moins élevés, mais toutefois importans à la société et surtout plus faciles à réparer, nulles corporations ne s'étoient encore rétablies : finances, commerce, arts, metier, chaque chose étoit encore composée d'êtres séparés. On n'y voyoit pas plus qu'ailleurs de faisceaux, d'hérédité, de solidarité, rien de ce qui réunit les individus en colonne de l'édifice public.

Ainsi quand nous aurons parcouru le cercle entier des principales institutions au commencement de 1815 nous douterons si nous avons vieilli d'une année. Nul édifice debout, nuls matériaux pour les reconstruire. *Perierunt etiam ruinæ.*

Ici on ne manquera pas de nous taxer d'une précipitation françoise. Nous entendons déjà cette question " que vouliez-vous qu'on fît en un " an ?" En un an ? Rien du tout. Nous ne nous plaignons que de ce que vous avez trop fait. Un repos qui eût laissé les portes ouvertes à toutes créations, maintenu les espérances et mûri les conseils convenoit mieux à la France qu'une activité négative: ils ne s'agissoit pas de faire, mais de ne pas s'interdire les moyens de faire. Il falloit amasser tranquillement les pierres de l'édifice au lieu de se hâter de les disperser, de lier sa volonté et de proscrire ses ressources.

D'ailleurs nous devons observer que, dans le nombre des institutions utiles, il en est qui veulent être faites immédiatement et qu'on détruit en les ajournant. Alors le caractère de la sagesse peut être la précipitation. Le tems en apportant le conseil ôte quelquefois la force ou l'occasion, et il est des circonstances où en différant pour faire mieux on s'ôte le moyen de rien faire.

Maintenant dans ce néant de tous les appuis du trône que doit-il arriver si le peuple est dans sa force? Qu'il le brise comme en 1792. Que doit-il arriver s'il est dans sa foiblesse? Qu'il obéît comme en 1814, non plus par aucuns liens de dépendance réelle, personelle ou morale, mais par pure lassitude. Alors on impute à force du trône ce qui n'est que fatigue des sujets, erreur qui peut lui devenir funeste, s'il ne se hâte pas de profiter de cette force apparente pour s'en constituer une réelle.

Il existoit cependant une base positive, mais qui jamais dans un empire bien réglé ne put être regardée comme telle. Nous voulons dire l'armée.

Nul doute en effet qu'en retranchent de nos

suppositions l'existence de Buonaparte, et en y admettant la fidélité de l'armée, cet instrument dans la position donnée de la France ne fût malreusement devenu lui-même une base et même l'unique base de la monarchie. Il seroit donc resté de tout l'édifice social ce funeste, mais inévitable résultat, la servitude du peuple et la puissance de l'armée, et le meilleur des Rois se seroit vu condamné à gouverner par les principes du Dey d'Alger jusqu'à ce que (si sa propre bonté ne se fût refusée à user de cette ressource) il fût parvenu en faisant despotiquement de grands biens comme auparavant on faisoit despotiquement de grands maux, à substituer de vraies bases à ces bases factices.

Après avoir fait le douloureux inventaire des élémens de durée qui n'existoient plus, il nous reste à faire celui des élémens de destruction qui existoient.

Nous mettrons au premier rang cette même lassitude du peuple qui, en le rendant soumis à un roi clément, devoit le rendre esclave d'un tyran agresseur. Cette lassitude s'accroissoit par une confiance oisive. Le peuple hors d'état de repousser l'oppression cherchoit et réussissoit à se persuader qu'il n'avoit plus à la craindre et dormoit comme s'il n'eût jamais dû se réveiller.

Nous placerons au second rang le dévouement de l'armée à Buonaparte, cet élément qui, tout terrible qu'il est, n'eût rien été contre un peuple énergique, contre la race de 1809, étoit tout, contre celle de 1815, et de même que ces prétoriens ~~doivent~~ rendre le roi absolu, ils devoient le précipiter le jour où ils reconnoîtroient un autre maître.

Nous mettrons au troisième rang les abus de la police générale ou, pour mieux dire, la perfection de celle de Buonaparte qui, intacte dans tous ses fils, respectée dans tous ses agens, restée sous le nom de police du roi, la seule police légale, couvroit la France d'une conspiration légitimée, visible à une multitude d'yeux, nécessairement cachée à ceux du gouvernement. Partout les émissaires du Corse circuloient sans crainte et presque sans mystère. Les régimens étoient avertis; les officiers avoient leurs instructions, les militaires en retraite leurs points de ralliement; les postes étoient pleines des correspondances de l'Ile d'Elbe; partout les jacobins, administrateurs ou administrés, étoient instruits de son approche; mille imprudens publioient le jour de son arrivée. Enfin depuis un an la classe entière de ses créatures inculquoit au peuple des documens astucieux; partout on les trouvoit uniformes; les chefs les colportoient, les échos les répétoient. « La sagesse du roi, disoient-ils, mé- « rite notre confiance: la France est heureuse « sous son règne; par malheur il est âgé et in-

“ firme. Son règne promet de beaux jours, mais “ il ne les promet pas longs. Par malheur en- “ core nulle personne de son sang n'offre d'es- “ pérance fondée à la patrie. MONSIEUR est un “ prince foible, autrefois dissipé, aujourd'hui dé- “ vot. Madame d'Angoulême (la seule dont les “ perfides n'osassent médire) est absorbée dans “ le souvenir de ses malheurs et les pratiques de “ la religion. Son époux, qui donne le fâcheux “ exemple d'une division ouverte avec elle*, est “ d'ailleurs sans considération comme sans carac- “ tère. Le duc de Berry, jeune, fougueux, in- “ considéré, n'a encore fait que des imprudences “ et ne s'est encore attiré que des ennemis.”

On se taisoit du reste de la famille, et on vous laissoit à tirer cette conclusion, que la France ne pouvoit espérer des Bourbons qu'un calme passager et de nouvelles divisions prochaines.

Toutes ces trames étoient publiques, mais les unes étoient dissimulées par des administrateurs perfides, les autres transmises par des administrateurs fidèles à un ministère foible ou vendu. Enfin de ce qui en parvenoit jusqu'au roi la répression étoit arrêtée par les juges qu'on avoit conservés, par les contrôleurs qu'on s'étoit donnés et par le respect de l'idole qu'on s'étoit faite.

---

* Ces scandaleux propos, qu'on faisoit circuler un an avant dans Paris, s'étoient réfugiés dans les provinces, et on ne négligeoit rien pour leur y faire prendre racine.

Ajoutons-y que l'institution des gardes nationales, ancien fléau de la France, recréées par Buonaparte pour doubler sa force militaire, conservées par le roi comme le contrepoids d'une armée douteuse, ajoutons, dis-je, que dans le cours d'un an on avoit négligé de soigner, épurer et completter leur composition, de leur donner des officiers dévoués, de désarmer tout homme ennemi ou incertain, de les exercer et de les pourvoir de munitions, de sorte qu'au moment du danger elle se trouva paralysée et ne présenta pour armée que des registres : faute majeure, car c'étoit une mesure provisoire de sûreté qui devoit tout devancer et le tems n'y sert point d'excuse. Il falloit que cette institution fût moins générale et plus sûre, mais elle fut livrée à la trahison comme les autres.

Tel étoit l'état, paisible en apparence, orageux au fond, de la France quand Buonaparte débarqua en Provence.

CHAPITRE VI.

De ce qui est arrivé et devoit arriver dans de telles circonstances.

Buonaparte est assuré de l'armée, des administrations, de la police et d'une partie du ministère. Il connoît le hardi dévouement des siens et la haine circonspecte des autres. Un seul obstacle lui reste: le congrès. Il attend pour paroître que sa clôture ait isolé les intérêts, séparé les intéressés, affoibli leurs armées; alors s'il n'obtient pas l'aveu de l'Europe il gagnera au moins du tems, et gagner du tems, c'étoit pour lui gagner un empire.

Mais la résolution du congrès vint déranger la sienne et le réduisit à brusquer une entreprise dont le succès présent n'étoit pas douteux, mais dont cette précipitation rendoit les suites incertaines.

Nous disons que le succès de Buonaparte n'étoit pas douteux, parce qu'il ne l'étoit pas non plus que la cour lui opposeroit sa propre armée, c'est-à-dire, qu'elle ne manqueroit pas de lui envoyer des renforts, ou que, si elle y manquoit, les commandans des provinces et des places auroient soin de faire leur devoir à cet égard.

Il en acquit bientôt la preuve. Débarqué avec douze cents hommes dans une province signalée par son énergie, par sa haine contre lui et son dévouement aux Bourbons, le tocsin suffisoit pour l'anéantir. Les paysans soulevés eussent enterré sa horde dans les montagnes. A leur défaut l'enthousiasme des villes eût en deux jours enfanté une armée, et la France eût lavé la honte d'avoir porté son joug par l'honneur de repousser son invasion.

Toutes ces choses seroient arrivées si, au lieu de s'obstiner à tout faire par les troupes, on les eût d'avance écartées du voisinage de l'Ile d'Elbe, comme on éloigne du feu les élémens combustibles ; si on eût voulu s'en fier de préférence à l'amour éprouvé des peuples de ces contrées, et leur donner des administrateurs aussi loyaux qu'eux.

Suivre Buonaparte de Cannes à Paris, ce seroit seulement répéter vingt exemples de dévouement dans le peuple et de trahison dans les troupes, avec cette différence, que l'énergie publique diminuoit à mesure que croissoient les succès de la perfidie, et se décourageoit enfin en voyant ses efforts d'abord comprimés, ensuite trahis, enfin combattus par ses chefs mêmes et ses propres défenseurs.

On a dit, on a répété dans l'Europe: " La " France s'est laissé envahir par une poignée de " brigands. Vingt-cinq millions d'hommes ont " passé sous le joug de deux cent mille." On en tiroit, ou cette conclusion humiliante, qu'il n'y avoit plus en France ni force, ni énergie; ou cette conclusion barbare, qu'en France il n'y avoit plus ni foi, ni honneur. On disoit : " Les François sont des lâches qui se laissent " battre cent contre un, ou des traîtres vendus " à Buonaparte." On a voulu conclure enfin que tout ce peuple l'appeloit, puisque tout ce peuple ne l'avoit pas repoussé.

Nous demandons à nous étendre sur cette question qui implique les plus chers intérêts de la France.

De quoi se composent vingt-cinq millions d'habitans? nous vous en accordons un quart en hommes sains entre l'enfance et la vieillesse.— Sur ces six millions, combien se sont trouvés sur la zône parcourue par Buonaparte? prenez-en un million; c'est beaucoup.—Sur ce million, combien étoient armés? très-peu.—Combien enrégimentés, commandés, munitionnés? presque point.—Combien, tranquilles commerçans, laboureurs, marchands, pères de famille, devoient se reposer sur les troupes? tous, nécessairement, à l'exception des complices de Buonaparte.— Maintenant supposez le pays le plus guerrier de l'univers (et par malheur c'est peut-être la France), que vouliez-vous que fît ce million d'hommes épars de Marseille à Paris? Sans aucun doute, et nous l'avons déjà dit, sa moindre partie eût écrasé Buonaparte dans sa source. Mais quand les premières trahisons eurent éclaté, quand son armée se fut grossie, quand cent cinquante mille hommes, armés, commandés, aguerris, la seule force de la France, se présentèrent à leurs yeux, distribués comme eux de Marseille à Paris, traîtres de la veille ou traîtres du lendemain, suspendant les esprits dans l'horrible incertitude de les avoir pour défenseurs ou pour ennemis, moins redoutables s'ils eussent été ouvertement le dernier.... que vouliez-vous que fît alors la France. Ajoutez à cela l'ignorance de tout dans les campagnes, les nouvelles inventées, les télégraphes falsifiés, la force du tyran grossie par la voix de ses émissaires, le manque de points de ralliement, d'officiers, d'armes, une invasion imprévue, une révolution accomplie en quinze jours, et dites enfin, dites de bonne foi, si le peuple le plus intrépide et le plus fidèle eût pu surmonter de pareilles circonstances. Parcourez toute l'histoire ; prenez Rome au tems de Paul Emile, et dites-nous quelle eût été sa résistance si un consul banni, rentrant tout-à-coup sur ses terres, avoit disposé au dehors de l'armée entière de l'état contre l'état désarmé, et au dedans des trois quarts de l'autorité publique.

Maintenant on vous donne, au lieu de Rome dans toute son énergie, une nation brisée par vingt-cinq ans d'infortune. On vous donne, au lieu d'un consul annuel, un homme qui a plié l'empire sous un long esclavage. Dites encore une fois, est-ce Londres avec tout son esprit public, est-ce Vienne avec tout son attachement pour ses maîtres, qui eussent repoussé une semblable agression.

Cet homme enfin est dans Paris, et par un des plus désastreux résultats de la révolution, le maître de Paris est aujourd'hui le maître de la France; le ton, la mode, l'impulsion générale, les actes du gouvernement, les presses, les journaux surtout, tout part de là, et l'égalité de tous, en aboutissant au despotisme d'un seul homme, a aussi abouti au despotisme d'une seule ville.

Gardons-nous cependant de calomnier Paris. Cette ville commença la révolution, mais elle l'avoit finie. Ses lumières l'égarèrent, mais ses lumières la ramenèrent. Elle fut coupable mais elle étoit repentie, et abjurant cet esprit frondeur, cette indifférence caustique qui accompagne les grandes villes et le voisinage du souverain pouvoir, elle s'étoit attachée à son roi par un grand amour et un universel dévouement.

Mais qu'importe ! douze traîtres représentent

quand on veut la capitale d'un empire, parlent pour elle, signent son nom et la prosternent aux pieds d'un tyran.

Mais qu'importe, trente bandits armés de journaux représentent, quand on veut, l'opinion publique, rapportent celle de la France à Paris, celle de Paris à la France. Aussitôt leurs échos consternent les provinces : dans chaque département, dans chaque ville importante, il s'élève quelques scélérats de choix qui s'empressent de porter à l'usurpateur l'hommage et l'amour de ses victimes. Tout le reste demeure confondu dans une première stupeur, ou, si quelque partie du royaume tente encore de se défendre elle succombe aux mêmes trahisons que les premières.

Ainsi une armée peut soumettre un peuple quand elle n'est pas une armée étrangère qui le subjugue mais sa propre armée qui le trahit.

Ainsi la France ne fut ni pusillanime ni complice.

En vain des étrangers ont voulu ériger le premier abattement d'un peuple désarmé en lâcheté d'une nation rassemblée, la voix vénale de quelques traîtres en opinion de tout un empire ; en vain on a répété dans de graves assemblées politiques : « La nation a parlé, la nation a confirmé, etc. » s'étayant, pour ces folles opinions, des authentiques confidences du Moniteur, des authentiques correspondances de quelques factieux, et voulant bien avouer pour grande, juste et légitime, quand elle courronnoit l'usurpateur, cette même nation qu'on avoit traitée de lâche quand il traversoit ses provinces. Ce furent là les rêves ou les systêmes de quelques têtes ardentes ou intéressées, mais ce ne fut point le jugement de l'Europe.

Nous considérerons maintenant la conduite de l'armée. Nous tâcherons de peser impartialement jusqu'à quel point elle fut coupable, jusqu'à quel point elle fut inconséquente. Elle a causé la ruine de la France; elle a trahi son roi légitime; cela est vrai. On lui a fait d'immenses reproches. Examinons si tous étoient fondés.

La question se réduit à ceci. Cette armée étoit-elle l'armée de Louis XVIII, ou l'armée de Buonaparte? Si vous me répondez, « c'étoit « l'armée de Buonaparte, » vous me dites qu'elle a fait son devoir. Vous frémissez! c'est un épouventable devoir en effet que celui qui immole sa patrie. Celui qui le remplit doit être rejeté par elle, et plus il s'attache à ce devoir, plus il y déploie de grands sentimens, plus il prouve à la société la nécessité de le détruire. Mais considérons la question en elle-même. Cette armée étoit-elle née, élevée, enrôlée sous les Bourbons? Tenoit-elle d'eux ses lois, sa force, sa fortune? Leur devoit-elle sa détestable gloire? Leur avoitelle prêté ses premiers sermens? Avoit-elle marché sous leurs drapeaux? Toutes ces choses l'enchaînoient à Buonaparte, aucune d'elles ne l'attachoit aux Bourbons. Hélas, pour cette armée presque entière, leur existence, leur caractère et jusqu'à leur nom étoient presque inconnus.

Qui la lioit donc à eux ? La légitimité ? Mot sans réplique pour tout François ; mot vuide de sens pour l'armée qui ne voyoit de légitime que Buonaparte. Ses sermens ? Hé, qui ne sait combien en France ce mot a perdu de sa valeur ! qui ne sait que les sermens y ont perdu leur foi, leur honneur et jusqu'à leur vraie acception ! que, dénués de religion, ils sont devenus choses humaines qu'on engage et retire à volonté, qu'une foule d'honnêtes gens ne regardent dans un serment exigé contre leur conscience que le malheur et non l'impossibilité de le prêter ;* qu'ainsi il en est du serment comme de la monnoie : il a gardé son nom et perdu son titre. Ce n'est plus cet engagement sacré entre les hommes, sous l'œil et la sanction de Dieu, qui se rattache au ciel et que nulle force humaine ne peut rompre ; c'est une pure formalité du monde qui se pratique dans toutes les occasions importantes ; c'est une éti-

---

* Quand Buonaparte fut à Paris et que ses nouveaux ordres parcoururent les provinces, nous entendîmes deux magistrats, hommes intègres et dévoués au roi, se dire : « O ciel ! « il faudra donc prêter un nouveau serment ! »

quette à laquelle tout homme employé dans l'état doit se conformer comme au haussecol ou à la robe rouge.... étrange et profonde dégradation morale que celle d'un peuple où le sens des mots les plus sacrés est ainsi détourné de sa primitive acception, car l'idée y périt avec le mot, et il n'y a plus d'expression dans la langue ni de sentimens dans le cœur pour les remplacer ! Mais de ce funeste résultat on doit pourtant tirer cette conclusion, que celui qui vit dans ce tems de dégradation ne peut plus apprécier le serment que ce qu'il vaut dans sa valeur altérée, qu'en le prêtant il sait qu'il donne de la fausse monnoie, et que par cela même qu'il le prête avec moins d'honneur il le viole avec moins d'infamie.

Si maintenant vous balancez ce foible devoir du serment avec le colosse de devoirs qui se présentoit aux yeux de cette armée ; si vous détournez un moment votre pensée de l'honneur du nom de Bourbon et de l'horreur de celui de Buonaparte, et que vous consentiez, par une pénible abstraction, à vous mettre à la place de ces hommes et à voir par leurs yeux ; si vous supposez Louis XIV précipité du trône et une puissance étrangère établie à sa place (et c'étoit tout un pour eux), dites vous-mêmes, ne les absoudrez-vous pas de leurs nouveaux sermens ? ne leur crierez-vous pas, « retournez aux « drapeaux de votre roi ? » Hé bien, ils se sont dit de même, « retournons aux aigles de notre « empereur. » On frémit de raisonner juste dans une chose dont les conséquences sont horribles et désastreuses, mais il faut être conséquent, même contre sa propre cause, si on veut raisonner juste et agir droit pour elle.

Tout se fût passé autrement si, en France, au lieu de s'aveugler, de s'en fier à des sermens usés et à des chimères spécieuses, on eût voulu dès l'origine raisonner de cette manière, s'avouer que, non-seulement tous les motifs d'intérêt, mais tous ceux de devoir attachoient l'armée à Buonaparte, l'écartoient des Bourbons, que par conséquent il n'y avoit point à transiger avec elle et qu'il falloit, ou l'anéantir, ou s'attendre à l'être par elle.

Si nous examinons maintenant ce qui s'est passé à cette mémorable époque, tant dans l'administration que dans les classes passives de la société, les mêmes raisons qui ont servi à nous expliquer comment un peuple naturellement brave, attaché à son roi, dégoûté des révolutions et ennemi de Buonaparte avoit subi d'abord son joug sans résistance, ces mêmes raisons nous expliqueront encore pourquoi, dans le moment de son usurpation, on vit si peu de mouvement s'opérer dans l'administration de la France qu'elle sembla d'abord avoir passé corps et biens entre de nouvelles mains comme par une naturelle succession et suivant l'adage, *le roi ne meurt point en France.*

Au premier aperçu on devroit penser que tout pouvoir constitué par le roi devoit abdiquer ses fonctions aussitôt qu'une force majeure le réduisoit à recevoir d'autres ordres que les siens. Voilà en effet une règle immuable de conscience : elle est simple, droite, facile ; quiconque s'en écarte, quelque puissent être ses motifs, court risque de s'égarer. Beaucoup d'administrateurs ont suivi sans balancer cette première voix du devoir. Un plus grandnombre ne l'a pas fait. Ceux-ci furent-ils tous coupables ? Plût à Dieu que nous vécussions dans des tems assez purs pour répondre nettement, " Oui, tous," car dans de tels tems nul ne l'eût été ; mais nous ne sommes plus à ces tems (s'ils ont existé) où les voies du bien et du mal étoient droites, claires, exclusives et nettement opposées l'une à l'autre.

Distinguons donc trois classes parmi ceux qui ont conservé leurs places.

La première est celle des traîtres qui, déjà sous le roi serviteurs de Buonaparte, n'ont point changé de direction en lui demeurant fidèles. Ceux-là sont trop conséquens, trop fermes dans leurs principes pour qu'eux et la monarchie puissent exister ensemble dans la France.

La seconde se compose des foibles et desindécis, dont l'espèce dominant partout avoit surtout été prodiguée aux places administratives dans un tems où on auroit dû admettre tout au monde plutôt que cette qualité négative. Ceux-là multiplièrent les capitulations de conscience. Tout fut considéré par eux, le devoir d'un père envers ses enfans, d'un débiteur envers ses créanciers, les terreurs de leurs amis, les pleurs de leurs familles, enfin cette foule de considérations privées que tout esprit foible laisse facilement intervenir dans les questions publiques, et ils se démontrèrent à eux-mêmes la nécessité de se résigner à des places où dès le lendemain il falloit, par de nouveaux sermens, se lier à l'obéissance de l'usurpateur et proscrire ce qu'ils avoient adoré. Beaucoup encore tirèrent pour leur usage une ligne de démarcation entre les places simplement administratives, magistrales, financières, etc., et celles qui attachoient à la personne ou aux conseils du tyran ; démarcation favorable, excuse bannale de ces gens qui, encore imbus d'une ancienne pudeur, joignoient le goût ou le besoin de la fortune à la honte des moyens de l'acquérir. Enfin on usa surtout de cette subtile distinction, si prodiguée dans la révolution, si utile à l'intérêt personel : « On ne servoit point un prince, mais « l'état ; Buonaparte, mais la France. » Principe fécond, au moyen duquel, si cette savante abstraction étoit une fois admise, une nation pourroit passer par trente révolutions du trône des Bourbons au joug de Robespierre, du joug de Robespierre à celui du Directoire, puis au trône de Buonaparte, et supposez-vingt autres mutations, s'il se peut, plus extravagantes ou plus atroces, et pendant toutes ces tempêtes l'homme de bien, le sage citoyen qui sert l'état sans acception de ses maîtres aura conscientieusement gardé sa place, prêtant nouveaux sermens, adoptant nouveaux principes, exécutant nouvelles lois, faisant aujourd'hui décapiter, demain déporter, après demain conscrire, le tout en pleine paix de l'âme et sûreté de conscience, car c'est l'état seul qu'il sert, et il n'aura garde d'imaginer que s'il le sert quand il est l'instrument d'un bon roi, il le détruit quand il est celui d'un tyran.

Enfin il est une troisième classe d'hommes qui ont aussi persisté dans leurs places, et ceux-là, qui sont pour l'honneur de la France en bien plus grand nombre qu'on ne pense, ont été jetés hors de la droite ligne du devoir par un sentiment si honorable, que le devoir même s'incline devant lui et rend hommage à leur erreur. Nous voulons parler de ces citoyens dévoués, de ces vrais patriotes qui, pouvant concilier par leur retraite leurs consciences et leur sécurité, ont sacrifié l'un et l'autre au service de leur prince, et sont demeurés fermes dans leurs postes pour pouvoir y répondre au roi de la fidelité de leurs administrés, pour les surveiller, leur donner les moyens d'éclater dans l'occasion, enfin pour empêcher que des mains impures ne vinssent saisir au profit de

Buonaparte le dépôt qui leur avoit été confié par leur souverain légitime. Noble trahison, espèce de martyre plus glorieux qu'un devoir facile. Ils ont cru devoir à de si grands intérêts un faux serment, une obéissance simulée. Ils ont erré; disons-le avec une dure franchise: le devoir et la vertu n'ont point deux routes; mais un si beau motif les absout; un si penible dévouement les justifie, et le juge seroit barbare qui condamneroit de si nobles coupables.

Avouons toutefois qu'un grand danger résulte de cette conduite, celui de confondre avec l'honnête homme qui s'est immolé à une place, le traître qui l'a gardée avec joie. Au jour de la restauration tous deux prétendront aux mêmes titres; tous deux se seront sacrifiés. Rien ne prouve mieux qu'en toute occasion délicate il faut s'en tenir à la route droite et facile, celle du devoir que la conscience indique toujours, et que celui qui par héroïsme veut aller par de là s'expose à faire moins bien avec des motifs plus élevés.

CHAPITRE VII.

*De ce qui devoit arriver quand Buonaparte seroit sur le trône, et jusqu'à ce qu'il en descendît.**

MAINTENANT que cet homme a complетté sa conquête, il faut qu'il s'occupe de la conserver.

Il doit donc travailler immédiatement à trois choses : accroître ses amis, qu'il n'est pas encore tems de mépriser ; calmer ses ennemis, qu'il n'est pas encore tems de détruire, et se concilier l'Europe, qu'il n'est pas encore tems de combattre.

Mais d'abord, quels sont ses amis ? les jacobins : nous ne lui en connoissons point d'autres. Ils n'aiment rien en lui, mais ils craignent tout

* Nous ne nous dissimulons pas que ce chapitre, qui entroit il y a deux mois dans le plan naturel de cet ouvrage, est devenu aujourd'hui en partie déplacé. Nous nous sommes cependant permis de le conserver en faveur de quelques idées utiles qu'il nous a paru contenir et pour ne pas déranger l'ensemble de notre travail.

des autres. D'ailleurs leur conscience respire à l'aise sous l'empire du vice. Je ne sais quoi de trop pur les gênoit sous les Bourbons. Il peut compter sur eux jusqu'à leur intérêt exclusivement.

Détournons-nous un moment pour peser et apprécier au juste ce que sont les jacobins en 1815, et quelle identité existe entre eux et ceux de 1790.

A l'aurore de la révolution leurs principes longuement mûris prennent un corps et reçoivent un nom. Les jacobins sont d'abord un parti composé de grands et d'hommes marquans, dirigé par un prince du sang, conforme enfin à tous ceux que l'histoire nous présente dans les troubles monarchiques. Mais dans ce parti, comme dans tous, il y avoit les chefs et la foule. Les premiers ayant pour but, non de changer de roi, mais de renverser le trône, ces premiers élémens ne pouvoient long-tems leur convenir : il leur faut de nouvelles recrues ; il les leur faut immenses et dans la classe qu'on peut égarer par les plus monstrueuses folies. Ils se la donnent pour auxiliaire, et l'ont bientôt pour maître. Les premiers jacobins avoient voulu changer de roi, les seconds n'en point avoir, les troisièmes voulurent régner tous. L'épidémie se répand dans une nation qui, fatiguée de repos, ne demandoit que tempêtes. Un colosse monstrueux s'élève, et l'énergie de chacun décuple la force de tous ; le trône tombe avec toutes ses colonnes ; les hommes périssent après les choses ; rien ne s'élève sur la place de ses ruines, et la France n'est plus qu'une table rase où des monstres égaux en droits et en crimes exercent leurs fureurs.

Mais le peuple et les flots s'appaisent comme ils s'irritent. La lassitude suivit la fièvre ; lassitude aussi profonde que la fièvre avoit été violente. D'ailleurs la plupart s'étoient enrichis, et rien ne rend sage comme la fortune et foible comme la sagesse. Le calme devint universel, imperturbable ; l'égalité, qui n'admet point de repos, disparut alors, et les coryphées du parti devinrent les olygarques du nouvel empire.

Dès ce jour il n'y eut plus de fait de jacobins en France, ni d'élémens pour les ressusciter. Le nom seul en resta, et servit d'enseigne à ceux d'entre eux qui étant restés dans une condition humble aimoient encore l'égalité et à ceux qui étant devenus grands la méprisoient sans oser toutefois renier des principes qui étoient la source et l'appui de leur fortune. A mesure que de gouvernemens en gouvernemens la France passa du despotisme de tous au despotisme d'un seul, ces grands d'extraction jacobine proportionnèrent au tems leurs sentimens, leurs formes et leur conduite. Le plus vrai jacobin fut enfin reconnu au plus vil esclavage, signalé aux plus riches livrées ; car cet esclavage et ces livrées furent celles d'un roi jacobin qui servoit de caution à leur puissance. La même raison lui rattacha la foule, qui se consola d'être esclave par la gloire de l'être d'un frère et ami. Mais ne perdons point de vue que dans cette foule comme parmi les grands il ne restoit plus qu'un nom ; de l'or et des grandeurs chez les uns, de l'inclination chez les autres, de l'action chez aucun ; enfin plus de masse, beaucoup de meneurs et point de menés.

Elle n'existoit donc plus cette race inouïe dans l'histoire qui, en faisant d'un parti tout un peuple, avoit opéré d'épouvantables prodiges. Cette innombrable légion solidaire fut jadis *les Jacobins* ; mais il n'en survivoit qu'un petit peuple séparé d'intérêts, d'opinion, de religion du reste de la patrie, marqué au front par de hideux souvenirs, reniant jusqu'à son nom, méprisé de tous, espèce de Juifs, meurtriers d'un juste, et qui toutefois prospéra long-tems sous l'égide d'un roi de sa secte. Mais quand ce roi fut tombé ; quand la France, lasse du joug de l'étranger, eut rappelé un roi françois, ce petit peuple, dénué d'appui, se trouva si foible qu'il se fût promptement éteint, si l'effroi du passé n'eût encore fait aux timides une hydre de son nom, si on n'eût voulu s'abuser sur sa puissance, l'accroître en la craignant, et lui en créer une nouvelle à force de clémence et d'erreurs. Ils la ressaisirent avec étonnement, mais sans reconnoissance, et se hâtèrent d'en user en hommes qui se rendoient trop de justice pour espérer un pardon durable.

Tel fut donc le parti que Buonaparte, après l'avoir eu pour esclave, résolut de se donner pour allié. Mais il en connoissoit la foiblesse et savoit qu'il ne pourroit en obtenir de la force qu'autant qu'il lui en prêteroit lui-même. On conclut donc ce pacte infernal.

Buonaparte promit de livrer aux jacobins le ministère, les commandemens, les emplois, toutes les voies de la fortune et des dignités. Une grande partie étoit déjà entre leurs mains; le reste leur fut restitué. Il promit d'ôter à leur vanité l'épouvantail de l'ancienne noblesse. Il promit d'abolir la censure, sauve-garde bien inutile dans celui dont le nom fait seul la police, et qui use seul de la liberté de la presse. Il promit une constitution; elle dut être celle de Louis XVIII, où tout leur plaisoit hors Louis XVIII même; il y conserva même une chambre des pairs, car le nom de sénateur étoit devenu à la fois horrible et comique, et celui de pair de France a quelque chose qui plaît à l'oreille des nouveaux grands, ennemis de l'ancienne noblesse, amis de ses titres quand ce sont eux qui les portent. Il promit encore de leur livrer les deux chambres du parlement, en sorte que, non-seulement ils fussent les chefs de la nation conquise, mais encore qu'ils fussent la nation elle-même. Il déclara immuables les ventes des émigrés et du clergé qui n'avoient jamais cessé de l'être; mais ici l'inclination du maître étoit une caution plus sûre que ses sermens. On savoit que, s'il avoit à confisquer, ce seroit sur ceux qui avoient conservé leurs propriétés, et non sur ceux qui avoient envahi celles d'autrui. Il promit de donner des gages, même à la canaille, dans laquelle il lui importoit de recruter. On le vit accueillir en empereur *sans-culotte* la plus vile populace de Paris, l'armer et crier *Vive la Nation!* Il n'y manqua que le bonnet rouge. Enfin il s'engagea à faire pour et par les jacobins, tout ce que les Bourbons eussent dû par et pour les royalistes.

De leur côté, les jacobins promirent de le reconnoître pour empereur, d'employer toutes leurs ressources pour ressusciter à son profit tout ce qu'ils pourroient retrouver des débris de leur parti, de former des associations, des fédérations, d'armer et soulever pour lui la lie des provinces et l'écume des villes, enfin de se charger de représenter une seconde fois, après vingt ans, le peuple françois, de le faire parler par leur bouche et agir par leurs décrets, de décharger leur maître de tout l'odieux des tortures qu'il voudroit imposer à la France, conscriptions, réquisitions, impôts, levée en masse, en s'intitulant *la France* et frappant la nation au nom de la nation même ; enfin de mettre à la disposition d'un souverain constitutionel tout le despotisme dont il auroit besoin pour en user, aux dépens du peuple, en leur faveur et contre leurs ennemis.

Tel est le pacte que ces parties contractantes durent conclure ensemble. Voici maintenant les réserves que chacun y mit en secret.

Buonaparte se réserve de faire rentrer les jacobins dans leur néant aussitôt que la paix ou une guerre heureuse auront assuré son état et lui permettront de tourner contre l'intérieur les forces de son armée. Il se réserve de payer les services de la foule par l'oubli, ceux des chefs par des richesses, aucuns, si ce n'est quelques esclaves éprouvés, par de l'autorité.

Les jacobins de leur côté se réservent de profiter de la foiblesse actuelle de Buonaparte pour cimenter une telle puissance que, s'il triomphe de l'étranger, il ne puisse pas aisément triompher d'eux, et que, s'il est vaincu, ils puissent être admis à traiter à ses dépens. Enfin, vainqueur, ils le regardent comme un ennemi contre lequel il faut se prémunir ; vaincu, comme un gage qui leur sert de garantie.

Le second point après avoir accru et satisfait

les amis étoit de calmer les ennemis et de gagner aussi cette masse du peuple qui compte dans les révolutions.

Pour calmer les ennemis, celui qui avoit forfait toute amnistie promit amnistie à tous. Il n'insulta d'abord personne, pas même les Bourbons qu'il se contenta de proscrire. Ses chefs eurent ordre d'user partout d'égards et de ménagemens. Il n'espéroit pas réconcilier ses ennemis : il lui suffisoit qu'ils s'abstinssent d'éclater et consentissent à se laisser prendre.

A l'égard du peuple qu'il vouloit gagner, nous n'entendons point cette portion attachée à la glèbe qu'une honnête ignorance préserve de l'erreur et des séductions, portion inerte qu'on ne cherche pas à captiver parce que la victoire la donne, mais cette portion habitante des villes, légère, mobile comme le commerce et l'industrie, espèce de peuple nomade qui a moins de part dans la patrie et dans laquelle tous les agitateurs prennent leurs armes, classe qui doit être politiquement nulle dans toute société bien ordonnée, qui vit, n'importe où, partout où il y a du travail, par conséquent du crédit et de la paix et qu'un an de repos avoit déjà rattachée aux Bourbons. Pour se concilier ce peuple on se publia en parfaite harmonie avec l'Europe : on protesta à la face du ciel d'avoir abjuré toutes idées de conquêtes comme on le protestoit en 1814, quand en même tems on ordonnoit sous main de rompre ou d'éluder les traités. On fit retentir les transports de la France, l'ivresse de Paris, enfin on ne promit que paix, liberté, prospérité..... Et à ces conditions, disons-le franchement, il eût été accepté par cette classe, et elle eût dit, comme nous l'avons nous-même entendu dire : " nous pré-" férions Louis XVIII, mais la paix sous Buo-" naparte vaut mieux qu'une nouvelle guerre." Confondant ainsi deux idées incompatibles, la paix et Buonaparte ; espèce de calcul qui meneroit toute une nation à changer de joug une fois l'an de peur de perdre sa paix à conserver le précédent, et, faute d'un peu d'énergie, à vivre de paix en paix dans une éternelle guerre.

Ainsi, en montrant l'espoir d'un côté, la terreur de l'autre, il crut s'être assuré un moment de répit intérieur, et s'occupa d'en profiter pour consolider l'usurpation au-dehors.

Il importoit de faire supporter à l'Europe armée et présente une invasion, un viol des traités, un bouleversement politique inouï dans ses fastes. Alors vous eussiez cru assister aux beaux jours de Salomon. C'est Gengiskan remonté en brigand sur un trône d'où il parle en Numa. Il semble s'attendre que tout, excepté lui-même, croira à sa métamorphose. Il ne parle plus que de concorde, de justes limites, d'arts, de sciences, de commerce, de nobles liens des peuples. Il charge ses émissaires de branches d'olivier; il souffre avec modération leur rebut : il interprète tout favorablement : il s'acharne à croire que les rois vont ouvrir leurs rangs pour lui faire place. Il veut rassurer les puissances à force de foiblesse, et prouver leur consentement à la France par son obstination à y croire. Ses envoyés sont chassés, ses frontières investies, ses ports bloqués, ses vaisseaux saisis : il ne se plaint pas ; il est en paix avec tous.

Cependant, comme la même foiblesse dont il espère son pardon pourroit aussi avancer sa ruine, s'il ne peut pas couvrir ses frontières de soldats, de places, de munitions, il remplit les journaux de leur immense dénombrement. D'un trait de plume il érige toute la nation françoise en complice ; il représente ce peuple comme encore agité après vingt-cinq ans de cette vigoureuse fièvre qui le transportoit en 1792, et le montre comme une mer furieuse, battant ses digues et prête à les briser pour engloutir les campagnes.

Enfin, pour gage de liberté à la France et de paix à l'Europe, il présente sa constitution, son Champ de Mai et son parlement. La nation entière, légalement représentée par des pensionnaires, des soldats et des acquéreurs de biens d'émigrés, fut appelée à discuter sa chartre une demie journée dans le Champ de Mai, et son acceptation subite et unanime fixa pour la dixième fois le sort de la postérité.

Aussitôt après s'assembla une chambre des communes triée dans l'élite des jacobins. La plupart furent inconnus toutefois, parce que tous ceux qui brillèrent il y a vingt ans s'étoient montrés trop criminels pour ne pas parvenir aux grandes dignités, et qu'ils eussent cru déroger à être vus dans la fange d'une nouvelle convention.

C'est dans la chambre des pairs que reparurent tous ces grands de l'empire jacobin. Là pas un nom qui ne fût couronné d'une ancienne illustration civique. On y trouvoit même une foule de grands personnages qui avoient disparu des annales contemporaines, négligés par Buonaparte lui-même. Le besoin public les ressuscitoit, et le catalogue de cette chambre présente, à peu d'exceptions près, l'aggrégation de démence et de fureurs la plus complette qui eût été produite depuis les jours sanglans de 1793.

C'est ainsi que les choses devoient aller depuis le moment où Buonaparte arriva avec l'espérance d'être reconnu par l'étranger jusqu'à celui où il vit la guerre inévitable et l'Europe alliée prête à envahir ses frontières.

Ici nous avions traité de la marche des événemens et de la conduite de cet homme lorsqu'une fois la guerre lui sembleroit inévitable.

Nous avions examiné d'avance, depuis ce moment jusqu'à celui de sa chûte prochaine, quelle seroit la marche de l'usurpateur, des jacobins et de l'armée.

Il ne nous convient point de dire si nous avions rencontré juste; il est toujours facile de se dire devin après l'événement.

Mais nous devons avouer que deux hommes ont trompé nos calculs et précipité leurs résultats. Nous connoissions leur conduite et leur caractère, et nous aurions dû en mieux prévoir les effets.

L'un, pour qui tout délai étoit une conquête, à qui le tems prolongeoit l'espoir, accroissoit les ressources, qui pouvoit se flatter enfin de quelques chances de division dans les lenteurs de l'Europe; l'un, par une agression soudaine, précipita la guerre qui couvoit encore, décida des partis qui sembloient tergiverser, et pour la dixième fois joua en un seul coup de dé son armée et sa fortune. Il enterra dans un champ de carnage vingt bataillons que la France ne put pleurer, et vaincu, se trouva, comme à Leipsik, seul, fugitif, sans ressources et détrôné par une seule bataille.

L'autre, déjà illustre pour avoir fait la guerre en Turenne contre les lieutenans d'Attila, grand et sage général, joignant un courage froid à une modération magnanime, heureux enfin, puisqu'au midi comme au nord il fut toujours armé pour une juste cause, l'autre se présentoit pour la première fois devant le fléau de Dieu, devant une armée supérieure, exaltée par la rage et sans salut que la victoire. Il la vainquit en rase campagne, et fit voir une révolution inouïe dans l'histoire moderne, une armée immense dispersée sans qu'un homme pût s'en rallier et un général conduit par une seule victoire de Bruxelles aux portes de Paris.

Sans doute de pareils miracles n'eussent point été accomplis par le vainqueur de la France; ils le furent par son libérateur. Il vainquit une armée ennemie et traversa des campagnes alliées.

Il est donc un vrai François, celui qui rendra un glorieux hommage au sauveur de la France. Il n'en sera point un celui qui s'armera d'un farouche honneur national pour se dérober à la reconnoissance: il se fera solidaire des brigands vaincus contre la patrie préservée. Que cette patrie décerne des statues à cet homme qui lui a rendu son roi et sa liberté, et que l'Angleterre compte cette époque comme la plus grande de ses annales. Qu'importe que Henri V ait été couronné à Paris ou Louis VIII à Londres, ce sont là de vains titres de gloire; mais l'Angleterre a combattu à outrance pour la juste cause;

elle a vaincu le vainqueur de l'Europe; elle a brisé les fers de la France; elle a remporté le premier triomphe dont toute l'humanité ait à se réjouir..... Il n'y a plus de limites aux sentimens pour de si grandes choses; la louange franchit les frontières, et le meilleur François est celui qui les sent le mieux et les exalte le plus haut.

CHAPITRE VIII.

De ce qui seroit arrivé si l'Europe ne s'étoit pas armée contre Buonaparte, ou si elle eût tardé à le faire.

DANS les états civilisés un petit nombre d'hommes (environ un centième de la population) est payé par tous pour les défendre. La masse se désarme et dort pendant que l'armée veille. C'est le chef-d'œuvre du gouvernement monarchique de produire le plus grand repos par la plus petite action.

Mais ce qui est un grand bien dans les tems paisibles peut devenir un mal dans les tems agités, et qui a la force de défendre a aussi celle d'opprimer.

Que doit-il donc arriver si l'état a éprouvé à la fois de grands succès au dehors et de grands revers au dedans ? Que l'armée aura acquis une force exagérée et les citoyens une extrême foiblesse. Alors la proportion est détruite, un centième de la population est plus fort que tout le reste ensemble, et il suffit d'un chef pour que le grand nombre soit subjugué par le petit. C'est ce qui vient d'arriver en France, et Dieu seul sait combien eût pu durer cette conquête d'un pays par ses propres troupes, si les étrangers, contre qui son armée eût dû la défendre, n'étoient venus la défendre contre elle. Echange glorieux pour eux seuls.

Avouez-le donc ; sans cette noble ligue Buonaparte eût régné. Il eût régné du moins jusqu'au tems où son extravagance et son ambition eussent replongé la France dans un abîme de maux assez grand pour réveiller son énergie.

Mais par quels moyens fût-il parvenu à affermir son trône ? Pense-t-on que c'eût été en persévérant dans des formes modérées ? Pense-t-on que c'eût été en s'efforçant de captiver les royalistes, en accroisant leurs biens ou leurs honneurs, en conservant leur noblesse, en sanctionnant leurs nominations, en repoussant ses amis de peur d'aliéner ses ennemis ? Eût-il cru pouvoir régner six mois de cette manière !

Non : il eût régné en Guillaume-le-Conquérant, en faisant triompher hautement le peuple vainqueur du peuple vaincu, en sacrifiant l'un à l'autre, en ôtant à celui-ci ses titres, ses places, ses terres, de manière à le fustrer de tous moyens d'influence et en les amassant sur la tête des autres, enfin en ne souffrant à son service que des bras qui lui fussent dévoués. Il eût regardé la

France, non comme son peuple, mais comme deux nations distinctes : la première son instrument pour asservir l'autre, la seconde sa conquête dont les fortunes devoient doter les vainqueurs, les enfans recruter son armée et l'industrie remplir son trésor.

Et d'ailleurs, si la guerre eût été différée de six mois, voici ce qui seroit arrivé en France. Ce même peuple ami de la paix, aujourd'hui soulevé contre l'usurpation, qui dans une guerre immédiate eût vu l'effet près de la cause et lui en eût imputé les maux, ce même peuple, tranquille pendant six mois eût vu dans l'usurpateur un monarque établi ; la prescription eût été prompte ; la guerre lui fût devenue une agression et le tyran un défenseur.

Maintenant, si cette même guerre n'eût pas eu lieu, voici ce qui seroit arrivé à l'égard de l'Europe.

La France, amie comme ennemie, n'eût plus été considérée par Buonaparte que comme une pépinière militaire où, dans une paix forcée, il eût élevé des millions de bras pour les transplanter un jour sur le sol étranger. Et qu'on n'imagine pas qu'il eût suffi de fixer le nombre de ses troupes ; le compte y eût été, mais ce n'est pas sous les drapeaux qu'eût été sa véritable armée ; c'est dans les écoles où dès le berceau tout enfant eût sucé avec le lait une frénésie à la fois spartiate et servile (car être esclave d'un homme despotique ou d'une loi despotique revient souvent au même et peut produire le même caractère) ; c'est dans les campagnes où il eût répandu son cathéchisme et anéanti les restes de la religion ; c'est dans tous les rangs de la vie civile où toute la génération nouvelle eût porté son cachet et sa marque ; c'est enfin dans l'esprit jacobin qu'il eût inoculé à tout un peuple : et quand, maître absolu de la France, il l'eût rendue, pour deux générations de plus, incapable de repos, on eût été tout surpris de se retrouver aux jours de 1792, d'apercevoir que cette paix qui eût affoibli les armées voisines, eût accru les siennes, et qu'au premier coup de tambour ce n'eût plus été une armée, mais un peuple qui se fût précipité sur l'Europe pour y renouveler les scènes de la révolution.

Jamais on n'a dû calculer ni traiter avec Buonaparte comme avec un autre souverain. Ce n'étoit pas l'homme qu'il falloit considérer, mais la masse qu'il agitoit, le fanatisme qu'il faisoit fermenter, enfin la révolution personifiée en lui. Sa chûte n'est quelque chose dans le système de l'Europe qu'autant qu'elle disperse ses sectaires et anéantit ses principes. S'ils lui survivent, Buonaparte règne encore.

Tous ces raisonnemens avoient l'avenir pour

objet quand ce chapitre fut écrit. Ils traitoient d'un futur contingent. Ils ne sont plus heureusement qu'un retour sur des maux passés. " Pourquoi, dira-t-on, ne les avez-vous pas sup- " primés ? et que sert à ceux qui sont hors du " précipice d'en calculer la profondeur ?" Si cette objection nous eût été faite il y a un an nous eussions répondu : " Le calcul est fort sage " quand le précipice reste ouvert, et qu'on peut " encore y tomber."

CHAPITER IX.

De ce qui convient aux circonstances présentes.

Nous entrons dans une question dont la discussion peut sembler inutile pour ce qui en est déjà résolu, et téméraire pour ce qui en reste à résoudre.

A l'égard du premier point, on nous dira que l'avenir est trop instant pour s'arrêter sur le passé. A l'égard du second, que pour s'ériger en conseil des princes il faut y être appelé, sinon par eux, au moins par la voix publique. Cela est vrai dans les tems ordinaires, mais dans ceux où de grands intérêts appellent les réflexions de tous, il est permis aux rois de violer le privilége exclusif des hommes institués pour les conseiller, et aux citoyens d'élever leurs pensées au-delà de leurs propres affaires. Dans la foule des jugemens quelques-uns peuvent avoir du poids. Le vent emportoit les feuilles de la sybille, mais une se sauvoit, et c'étoit un oracle.

Osons dire plus. Dans tous les grands objets il y a une distance donnée. Celui qui les voit de loin, rarement et sans y appesantir sa pensée, porte sur eux un jugement simple et franc qu'on peut difficilement attendre de celui qui les considère nuit et jour et à la loupe ; à plus forte raison quand ce même homme en est l'artisan. Ce que nous disons là pour les considérations générales seroit l'inverse s'il s'agissoit de détails, comme de réglemens et calculs d'administration.

Avant d'examiner les mesures qu'il convient de prendre en France dans les circonstances présentes, nous jeterons un coup-d'œil sur celles qui ont dû les précéder de la part des autres puissances.

La fortune de l'Europe a permis qu'au moment de sa plus terrible agression ses souverains se trouvassent rassemblés. Cela seul a peut-être décidé de son sort, et cette faveur du ciel compense bien des maux. Ainsi, pour la première fois, des rois unis ont pu, comme des particuliers, régler immédiatement ensemble une grande cause commune, éviter les couriers, les rapports, les formes diplomatiques, enfin les foiblesses ou les trahisons, et les intéressés ont prononcé eux-mêmes sur leur propre intérêt.

Pour exécuter cette grande décision il ne falloit qu'une chose, en hâter l'effet, frapper vite et en petit nombre plutôt que tard et en foule, brûler les détails, éviter les siéges, marcher droit sur

Paris, et faire enfin chez un peuple allié ce que Buonaparte fit chez un peuple ennemi.

Pour l'exécuter avec fruit il le falloit faire avec justice, ne point combattre la France, mais pour la France, distinguer la nation de la horde qui l'opprime, et respecter partout le principe d'une si noble croisade.

Toutes ces choses ont été faites : il n'en reste donc qu'une à faire, c'est d'accomplir leur objet et d'atteindre leur but. Quel est ce but ? est-ce seulement comme en 1814 de détrôner Buonaparte ? ou est-ce de finir la révolution ? Est-ce le malfaiteur ou le mal qu'on veut détruire ? La réponse n'est pas douteuse. Quel chemin doit donc y conduire ? un seul, c'est de raisonner juste et de ne plus s'abuser sur ce qu'on vient combattre. Les vrais ennemis ne sont point des hommes, mais des principes. Il n'importe de détruire l'armée françoise que parce qu'elle est le bras par lequel ils agissent. Cette puissance ôtée, la mort ou l'exil des sectaires n'importe pas plus à la France qu'à l'Europe. C'est de la doctrine et non des docteurs qu'il s'agit. On pourra dire que l'un est souvent inséparable de l'autre. Cela est vrai dans des tems fervens et désintéressés; mais aujourd'hui, où les jacobins sont seuls de leur religion, où ils y croient comme les augures de Cicéron croyoient à la leur, elle n'a de poids que par leur crédit personnel, et là où ils seront pauvres et humiliés elle sera éteinte.

Le ciel a, pour la seconde fois, rappelé Louis XVIII sur le trône. Il y remonte avec des données beaucoup plus favorables que celles qui l'y accompagnèrent en 1814.

Il s'y trouve fort, non plus seulement d'une expérience spéculative de 25 ans, mais d'une expérience pratique d'une année. Sa sagesse est éclairée sur l'état de la France, le caractère des François, le degré de liberté qui leur convient, et le degré d'empire par lequel on doit les y conduire.

Il se trouve fort aussi de l'étendue de son parti. Nous disons *parti*, quoique toute la France soit royaliste, et que les Jacobins n'y soient qu'une exception, parcequ'il faut distinguer, dans la masse paisible qui vous aime, la portion active qui vous sert. Ce parti, grossi par les épreuves, se sera bien plus montré, bien plus dévoué que l'an passé. D'ailleurs, aussitôt qu'il sera hautement avoué, tous, excepté les ennemis trop notoires, prétendront en être, et on ne sera embarassé que de la foule des amis.

Mais le roi connoîtra au vrai, et les amis, et les ennemis, et les indifférens dont on fait l'un ou l'autre à son gré. Ils seront signalés, les uns par leur dévouement, les autres par leurs trahisons, les troisièmes par leur silence.

Il a reçu de grandes leçons de Buonaparte. « Mais, dira-t-on, un Bourbon, un roi légitime, « cherchera-t-il ses exemples dans les fastes « d'un tyran ?" Et pourquoi un roi légitime ne pourroit-il pas faire contre le crime ce qu'un tyran put faire contre la vertu ? Quel est donc cet éternel privilége du crime d'être pardonné par les bons, cette éternelle proscription de la vertu d'être persécutée par les méchans ? Oui, sans doute, il le peut ; disons plus, il le doit ; il y est tenu envers ses peuples. Un roi n'est point libre de cette abnégation qui se sacrifie soi-même et se donne pour victime, puisqu'en se résignant à l'être il immole une nation sur le même autel que lui.*

Le peuple, tous les gens trompés et menés (car on ne corrige ni les trompeurs ni les meneurs), ont abjuré plus d'erreurs ; ils sentent mieux encore le besoin du repos.

Les lois que le roi s'étoit imposées, la composition du parlement, celle de la magistrature,

---

* D'ailleurs quand on saura que vos amnisties sont sans bornes le crime sera sans bornes aussi. Il n'y aura plus de notion du juste et de l'injuste et on croira pouvoir jouer les royaumes comme une partie d'échecs. Tout coupable impuni prendra gaiement les couleurs triomphantes jusqu'à ce qu'il en voie arborer d'autres, et on fera autant de parjures qu'on absoudra de rebelles.

l'élan usurpé, non par l'opinion, mais par la critique publique, toutes ces concessions formelles ou tacites le lioient par ses propres sermens à un ordre de choses qui ne pouvoit subsister. Si Buonaparte n'étoit venu le renverser, il se seroit promptement renversé lui-même, soit en forçant le roi de s'affranchir, soit en le rendant tout à fait esclave. Enfin la licence eût conduit, comme auparavant, au despotisme, soit du roi, et alors l'état eût subsisté, soit des chambres, et alors l'état se fût déchiré jusqu'à ce qu'un seul homme se fût porté héritier de leur usurpation.

Dans ces circonstances une seconde crise est venue en même tems démontrer au roi les erreurs où on étoit tombé, le relever de ses sermens, lui fournir les moyens de tout réformer, et écraser tout ce qui pouvoit y mettre obstacle. Il en coûte cher, mais un tel résultat ne peut s'obtenir à vil prix.

Cette crise terrible étoit inévitable. Elle sera salutaire si on sait en user.

Elle a montré au grand jour toute la profondeur du mal qui couvoit sous une paix apparente.

Elle a ôté au crime tous ses voiles. Par elle tous les coupables se sont démasqués, se sont vantés de l'être; tous ont signé leurs offenses, les uns dans des fédérations, les autres dans des adresses; ceux-ci dans les administrations, ceux-là dans un prétendu parlement. Ils se sont mis au point de défendre toutes transactions avec leurs principes et de justifier toute rigueur envers leurs personnes. Ils ont achevé de distinguer leur peuple du peuple françois, et lui sauvent l'opprobre d'être désormais confondu avec eux. On diroit enfin, à voir la frénésie qui les a fait courir à leur perte, que le ciel n'a ajourné la restauration que pour ouvrir les yeux du juge et imprimer une marque aux méchans. On diroit qu'il n'a pas permis qu'une générale amnistie lavât tant d'antiques scélératesses, qu'il est des crimes auxquels il refuse la prescription, et qu'aux coupables injustement acquittés il rend le pouvoir du mal pour qu'ils achèvent de forfaire le pardon.

Maintenant que nous avons jeté un coup-d'œil sur les élémens que le roi trouve à son retour, si notre voix étoit d'un poids à être comptée par lui, nous oserions lui dire.

Gardez-vous de vos amis bien plus que de vos ennemis, car ces derniers ne vous donnent pas de conseils.

Gardez-vous des législateurs théoristes qui prêchent les milieux, la fusion, l'union, les constitutions. Ces alchimistes ne sont pas las après vingt-cinq ans de souffler un feu qui est éteint :

hommes par fois honorables, probes, doués de beaux et purs sentimens, mais chevaliers d'une perfection idéale, patriotes errans, martyrs de leur religion civique, qui font abstraction du caractère humain en travaillant pour l'humanité, de l'état du peuple en travaillant pour la patrie, et de l'année où ils vivent en travaillant pour les siècles; gens enfin inutiles, s'ils sont sans talens, et dangereux s'ils en ont.

Gardez-vous des esprits spéculatifs qui approfondissent tout et creusent partout où ils se posent: gens bien disans, lumineux à disserter, mais qui se laissent couler de l'ensemble aux détails, s'égarent du tronc aux branches, et changent l'examen d'une question générale en celui de ses accessoires; gens qui, voyant tout au microscope, s'aveuglent dans leur propre ouvrage, et s'abîment, par une discussion éternelle, dans un scepticisme sans fonds et sans rives; excellens peut-être pour éclairer les détails d'une administration, impuissans pour mouvoir la force qui les gouverne. Tous ces gens vous aiment de tout leur cœur, vous servent de toute leur foi, et vous perdront dans toute la conscience de leur zèle.

Gardez-vous enfin des hommes qui ne pourront atteindre à votre confiance par votre estime. N'achetez point l'utilité par la honte. Leur dévouement peut être vrai, leurs talens éprouvés, mais le bien que feront ces talens ne compensera point le tort que vous fera leur personne. Sous un tyran tout mal est conséquent et passe à l'ombre du mal général : sous un bon roi il fait tache, et on ne passe pas à la vertu ce qu'on souffre du crime.

N'attendez d'ailleurs de tels conseils que doute, hésitation et foiblesse. Rompez enfin avec les spéculations. Renvoyez les brillantes théories aux jours de pleine paix et de pleine puissance où, comme l'autocrate de toutes les Russies, vous pourrez sans danger faire des concessions à un peuple qui les recevra sans empressement ; où vous pourrez, non traiter avec vos égaux, mais donner à vos enfans. Mais aujourd'hui songez que le ciel vous a placé dans une de ces circonstances extraordinaires, mais faciles, où il ôte l'embarras de tergiverser par la nécessité de choisir, où il ne faut ni politique ni détours, mais un bon sens ferme, une conscience pure, et marcher droit dans une opinion haute et franche. Songez enfin qu'il n'y a pas de moyen terme entre briser sans retour une secte implacable et mettre l'état aux mains des vôtres, ou perdre sans retour vos amis en le laissant aux mains de vos ennemis.

Tel est maintenant le petit nombre de points urgens sur lesquels nous pensons que le roi aura provisoirement à se prononcer.

1°. A l'égard de l'armée, désarmer et renvoyer dans leurs foyers les gardes nationales qui ont marché sous Buonaparte, les fédérations qu'il a formées et tout militaire enrôlé depuis son retour, casser comme rebelle le reste de l'armée pendant qu'elle sera encore entourée de l'Europe. Renvoyer dans leurs foyers ses soldats désarmés en attendant leurs ordres pour de nouveaux enrôlemens; distribuer les officiers dans des lieux de surveillance ; se hâter de former une nombreuse maison du roi qui sera le noyau de la future armée, et dont personne ne contestera les droits, puisqu'elle sera la première en date comme en rang: la presse y sera, et la réforme de l'armée permettra de choisir. Solder un nombreux corps de Suisses, y joindre quelques corps étrangers, et enfin recomposer une forte et nombreuse maréchaussée pour l'intérieur de la France: lui seul veut être gardé, et il le sera sans peine quand les royalistes seront soutenus, les jacobins comprimés et l'idée de la force établie. On peut donc pendant quelques années économiser au profit de la France ruinée plusieurs centaines de millions que coûteroit une armée, et l'enrichir de deux cent mille bras qui manquent à l'agriculture.

2°. A l'égard des administrations, magistratures, etc., que dès le premier jour toutes les innovations de Buonaparte y soient regardées comme réformées de plein droit, et que chacun rentre dans son emploi, sauf l'exception à faire pour ceux qui, sous le roi même, se trouvoient encore occupés par des créatures de Buonaparte. Les changemens sont toujours à craindre; ils indiquent, ou une volonté versatile, ou une foiblesse qui plie devant l'opinion, et quand même des choix se seroient trouvés mauvais ou déplacés, dans les tems qui demandent de la force il est souvent plus utile de soutenir une erreur que de l'abandonner.

3°. A l'égard des grands coupables, tant dans l'état militaire que dans l'état civil, nous ne doutons pas qu'ils ne doivent, par un châtiment éclatant, servir d'une grande satisfaction à leurs victimes, d'un grand exemple à la France et d'un grand effroi à leur parti. De sages moyens empêcheront que tout criminel ne se trouve contumax, et le roi, qui doit la justice à son peuple avant la clémence aux coupables, n'oubliera point qu'il a pris l'engagement de ne point faire de grâce.

4°. Il en est un qu'on ne doit point dire plus grand que tous les autres, puisque les siècles et le monde n'en offrent point à lui comparer. Celui-là s'est mis hors des règles de la justice qui, dans le châtiment, considère la réparation du crime et l'exemple de la société; car une tête ne paye point la perte de cinq millions d'hommes, et il n'y a point d'exemple pour les crimes hors de la portée commune. Il devient donc justiciable de la politique, et la politique prononce encore plus haut que l'an passé que cet homme ne peut plus exister. " Mais, dira-t-on, songez " que ce front coupable a porté la couronne, " a reçu l'onction des rois, que cette main " sanglante s'est alliée à la fille des Césars; " songez que ce grand criminel laisse un fils, " né d'un sang illustre, et qu'on ne peut dés- " honorer." ..... Déshonorer! à Dieu ne plaise! nous voulons vénérer les formes du trône jusques dans celui qui l'a défini *quatre planches de sapin*. Nous ne déshonorerons ni lui, ni ses attributs, ni son sang. D'ailleurs tout ce qui est grand et fameux se rachette de l'infamie par l'éclat : celui qui assassine un homme est infâme, mais celui qui en massacre cinq millions va trop haut pour que la honte puisse l'atteindre. Qu'il soit donc sacrifié d'une manière honorable, qu'il le soit royalement, avec pompe, avec respect même, si l'on veut, et comme a fini Marie Stuart dont le fils a porté la couronne.*

---

* Le sort et la clémence des rois en ont décidé autrement. Dieu veuille qu'ils n'aient pas une seconde fois à s'en repentir et que l'équateur soit une barrière suffisante pour celui qui n'en a jamais connu.

5°. Qu'une clôture lointaine, étroite et perpétuelle réponde à la paix publique du reste de cette famille, trop nombreuse pour le repos du monde. Une seule exception y a été méritée par une conduite plus honorable.

6°. Après ces premières mesures qu'il importe de completter au moment d'une victoire soutenue par l'ardeur des bons, l'effroi des méchans, et l'enthousiasme du peuple; après ces premières mesures qui auront montré le roi juste, ferme et agissant par lui-même dans les plus importans intérêts de l'état, il sera tems de songer à donner à la France une *constitution*, ou, pour écarter ce mot qu'on est parvenu à diffamer, de poser les bases du gouvernement. Mais avant d'en venir là, cette opération doit être précédée long-tems avant d'une déclaration qui annonce que, reconnoissant par l'expérience des derniers événemens que les réglemens sages donnés à la France n'étoient pas en harmonie avec les circonstances, le roi a senti la nécessité de reprendre entre ses mains une partie de l'autorité qu'il avoit déléguée, et de ne confier l'autre qu'à des mains pures et en état de donner au royaume de grandes cautions d'honneur et de fortune; qu'il va travailler à établir les bases du gouvernement, et qu'en attendant il compte sur la confiance, l'amour et l'obéissance de son peuple pour s'en reposer du gouvernement provisoire sur sa sollicitude paternelle. Cette déclaration devra contenir un aveu très-franc de l'état des finances et des sacrifices à faire, afin que les grands coups soient frappés d'avance.

Ce que nous avons dit relativement à la constitution au chapitre IV, nous dispense de nous étendre davantage ici sur ce sujet.

Ainsi le roi se donnera le tems de fonder dès avant la constitution, s'il le juge à propos, les grandes bases qu'il ne voudra pas soumettre à la discussion, comme le rétablissement de la hiérarchie et de la puissance du clergé et de la noblesse, le fonds et la forme de la magistrature, les grandes réformes administratives, les lois de police, l'éducation publique, etc. Il se donnera encore le tems de régler les conditions d'admission dans son parlement de manière à ne pas risquer d'y perdre son influence.

Toutefois il importe de ne pas laisser s'écouler un trop grand laps de tems avant d'assembler les chambres, afin de profiter, d'abord du dévouement des provinces dans un moment où, si les choses sont bien conduites, on ne trouvera encore que des royalistes, ensuite de la première énergie du parlement pour y faire passer sans contestation toutes les grandes mesures dont il paroîtra utile de le rendre solidaire. Cette époque ne doit pas être différée au-delà du tems nécessaire pour affranchir les provinces de toute influence ou de toute violence de la part des débris de l'armée de Buonaparte. Il n'est pas besoin de dire qu'en même tems qu'on prendra de justes précautions pour qu'une secte ennemie de l'état ne soit pas chargée de le représenter, on exclura quiconque aura fait partie des chambres rebelles, gens coupables, partant inéligibles et dont toute l'ambition ne peut aller plus haût qu'une amnistie.

Les bases fondamentales de la constitution ayant été posées avant la réunion du parlement, on finira d'en organiser les détails pendant sa session.

7°. Par rapport aux finances on ne doit pas se dissimuler qu'après la seconde restauration l'état sera obéré. Quelque bas qu'on puisse estimer les déprédations de Buonaparte, quelque courte qu'ait été leur durée, quelque désintéressement que puissent montrer les alliés, il faut s'attendre à trouver la France appauvrie, sa dette augmentée, son crédit nul et ses ressources médiocres. Mais le peuple qui ne raisonne pas regardera son soulagement comme une suite immédiate du retour d'un bon roi, et un bon roi, surtout quand il lui faut affermir l'amour de ses peuples, n'a pas les ressources d'un tyran pour se faire craindre et payer. Nous laissons le sujet des finances à la seconde partie de cet ouvrage il n'en sera fait mention ici que par rapport aux mesures provisoires qui doivent accompagner le retour des Bourbons.

En 1814 on fit, au sujet des impôts, une grande faute de justice et de politique. Ce fut de ne point s'occuper des dégrévemens et des remises, ou plutôt de s'en occuper tard, foiblement et, ce qu'il y a de pis, tacitement, comme si on eût craint que les contribuables informés de cette justice ne s'empressassent trop de s'en prévaloir. On assigna ces dégrévemens sur une nature de fonds telle que leur application devoit se trouver inutile dans les départemens respectés et insuffisante dans les départemens ruinés, rendant ainsi chaque province passible de ses propres pertes au lieu de rendre toute la France solidaire des provinces immolées pour elle. On donna aux préfets des ordres qui n'eurent ni éclat ni publicité. On sembla se dire enfin, « ce n'est pas à nous à prévenir et à promettre: « notre devoir est d'exiger tout l'impôt (impôt « doublé, impôt indispensable, mais désastreux), « de l'exiger de tous, sans en excepter celui qui « a perdu sa maison, sa récolte, et n'a plus que « ses bras pour nourrir sa famille. C'est à lui à « réclamer." C'est-à-dire, en d'autres termes:

" C'est à ce malheureux à qui le retour de son
" roi a coûté sa fortune à connoître un réglement
" qu'on semble lui dérober, à dresser sa requête,
" à assiéger au loin les autorités, à prouver sa
" ruine enfin pour obtenir, s'il réussit, *un dé-*
" *grèvement*, car la loi ne parloit pas de remise."
Et si dans ce département les fonds de non valeur se montent à cent mille francs et la perte à un million tout ce que cet homme ruiné pourra obtenir la loi à la main sera de ne payer que les neuf dixièmes de sa contribution, et, s'il ne le peut, des huissiers viendront au nom du roi vendre son lit qu'ont épargné les Cosaques. Nous n'inventons point ; nous disons ce que nous avons vu, su et discuté alors. Si les choses ne furent pas toujours portées à cet excès ce fut en vertu de tolérances secrettes, de sorte que le mal étoit public, le bien tacite, et on soulageoit le peuple sans faire aimer le roi.

On ne peut calculer combien cette imprudente rigueur a ôté d'amis au roi. La Champagne a été plus aliénée par les vexations du fisc que par celle des étrangers. Une foule de gens qui trouvoient dans l'ordre des choses de haïr Buonaparte et d'en être persécutés fondoient sur Louis XVIII de bien autres calculs, et s'indignèrent d'être traités au nom d'un Bourbon comme ils l'étoient au nom de l'usurpateur.

Cette faute prend sa source dans une plus générale que nous avons déjà signalée: c'est celle de s'être occupé des détails et des vues particulières quand le principal soin devoit être donné à l'ensemble. Ainsi, sous le rapport des finances, on a considéré leur désordre et leur rétablissement; on a songé, comme le feroit un particulier, à assurer la recette pour faire aller la dépense. La recette étoit pénible; on a dû mettre de la fermeté à sa perception.... Certes tout cela étoit fort bien calculé pour un ministre des finances: il ne pouvoit mieux faire, et en effet, vous en aviez un très-bon, probe, exact et négatif; mais un roi raisonne un cran plus haut qu'un ministre des finances. Un roi dans une pareille circonstance doit borner la sévérité de son ministre et déroger à l'ordre distributif pour empêcher que son résultat ne soit nuisible à la machine entière. Il ne doit pas, quelque obéré qu'il soit, marchander entre la perte d'un million de francs et celle d'un million d'amis.

Une grande mesure juste, claire, franche et surtout revêtue d'une extrême publicité devoit être prise dès l'arrivée du roi. Elle devoit avouer le désordre des finances et l'impossibilité d'indemniser les malheureux, mais en même tems promettre les dégrévemens les plus complets et même des remises absolues aux cantons que la guerre avoit ravagés, déclarer qu'il seroit enjoint à chaque préfet dans un tems donné (au lieu de laisser chacun d'eux agir en son temps et à sa manière) de prendre les mesures convenables pour constater sur les lieux les pertes éprouvées, etc. Un tel édit eût fait un effet prodigieux d'amour et de dévouement pour le roi ; il eût rempli l'attente générale, et qu'eût-il coûté? Quelle non valeur eût-il produit dans le montant de la contribution foncière? Pas quatre millions. Cela peut paroître étrange, mais nous établîmes alors ce fait sur des données dont la fidélité ne peut être douteuse. En jetant ces quatre millions de plus dans le gouffre immense de la dette publique vous auriez fait une chose juste, humaine et politique et vous auriez gagné des trésors d'amour et de reconnoissance.

Nous nous sommes étendus sur cette faute parce que nous la regardons comme une des plus graves que le gouvernement ait eu à se reprocher et son exemple comme une règle de conduite aujourd'hui.

Ce chapitre ne contient qu'un examen sommaire des premières mesures qui conviennent aux circonstances présentes et prochaines : nous l'avons même réduit aux principales, regardant comme d'une moindre importance que les accessoires soient dans ces premiers momens plus ou moins bien soignés pourvu que les grands principes soient observés. Nous laissons donc à discuter dans la seconde partie de cet ouvrage tous les grands objets qui non-seulement n'exigent pas une exécution spontanée, mais qui même peuvent gagner à être différés, et nous terminerons cet écrit par un coup-d'œil sur ce qu'on doit craindre si on suit après la seconde restauration la même marche qu'après la première.

CHAPITRE X, ET DERNIER.

De ce qu'on doit craindre si on suit après la seconde restauration la même marche qu'après la première.

PLUSIEURS plans auront été soumis au roi pour diriger sa conduite à l'époque de son retour. Dans le nombre de ces plans il est probable que quatre auront plus particulièrement appelé la discussion. Nous présumons qu'ils ont dû être présentés de la manière suivante.

Premier plan.—On peut compter sur les jacobins pour alliés si on veut les faire tels. Il ne faut que les juger par leur propre intérêt.

Ils possèdent; ils ont atteint depuis long-tems leur but. Que veulent-ils donc? Conserver; par conséquent maintenir leur repos et celui de l'état. Ils ne sont plus des révolutionnaires, mais ils craignent à leur tour les révolutionnaires, c'est-à-dire, le clergé, la noblesse et quiconque veut apporter du changement dans l'empire et du trouble à leur jouissance. D'ailleurs les têtes exaltées ont vieilli, et leurs enfans s'élèvent dans les sentimens tranquilles d'une fortune établie.

Que faut-il donc à ces gens pour les attacher au trône ?

La sanction de leur propriété et celle de leurs principes qui en sont la base ; non pas de ces principes extravagans qui ont fait la révolution, mais de ces principes libéraux qui en maintiennent les effets.

La direction des affaires pour pouvoir se garantir à eux-mêmes les promesses qui leur seront faites.

Enfin l'abaissement des ordres dont l'influence, en leur révélant les inclinations du souverain, les forceroient de rester dans un état hostile.

Voilà ce que l'intérêt des jacobins doit prétendre. Maintenant de quel souverain peuvent-ils se le promettre avec le plus de confiance ?

Sous Buonaparte que devoient-ils attendre ? Que le premier acte de son règne, qu'il n'eût daté que de ses triomphes, eût été de les écraser ; qu'il ne leur eût pas pardonné de lui avoir dicté des conditions, et que, pour la première fois, il eût regardé comme digne d'être détruit un parti qui partageoit son trône et se faisoit son maître en se faisant son allié.

D'ailleurs il ne pouvoit plus les enrichir au dedans ni les doter au dehors.

Enfin les guerres qu'eût enfantées son règne

les eussent exposés à des invasions futures et à de nouvelles pertes.

Nul calcul ne les attachoit donc à Buonaparte.

Que demandent-ils ces calculs ? Un roi pacifique, imbu lui-même d'idées libérales, capable d'écarter les préjugés et les souvenirs ; un roi guidé, non par d'anciennes inclinations, mais par un sentiment éclairé du bien public ; un roi conservateur de leurs droits ou de leurs prétentions ; un roi enfin qui consomme l'œuvre d'un siècle de philosophie en les laissant, dans une paisible carrière, achever d'en faire goûter les fruits à la France.

Quel est le roi qui convient le mieux à de tels desseins ? Ils chercheroient en vain pour en trouver un autre que Louis XVIII. Sa légitimité leur répond de la paix, sa position difficile assure leur puissance, sa bonne foi cautionne ses sermens, et une année de son règne leur a servi d'épreuve.

Ce qu'ils n'ont eu de Buonaparte qu'avec lutte et incertitude, ils l'auront de Louis XVIII sans effort et sans crainte.

Que le roi rentre donc avec des intentions conformes à leurs intérêts, et il ne trouvera pas de sujets plus nécessairement fidèles, de garans plus naturels de son règne.

Il y a plus. L'établissement de son autorité, qui par toute autre voie demande des travaux, des combats, une profonde politique et une longue persévérance, devient ici une chose naturelle, facile, et qui coule, pour ainsi dire, de source.

Il trouvera partout ses soutiens établis et en possession de l'état. Il se verra porté par un parti fort de sa fortune, de ses principes et de son nombre. Il trouvera ses instrumens tout faits dans des hommes versés dans l'administration, dans le gouvernement, connoissant le peuple, les choses, la France enfin et accoutumés à les régir. Rien à changer, rien à bouleverser. Il n'y a point là de révolutions à faire. Il ne s'agit que de venir et de régner : de régner, il est vrai, par d'autres hommes et d'autres idées qu'il y a trente ans, mais le choix n'y est plus ; il ne faut pas se perdre dans des chimères pour recréer des élémens dissous et joindre à la difficulté de l'entreprise en elle-même l'obstacle insurmontable qu'opposeroient ces mêmes hommes assez forts pour soutenir le trône et par conséquent pour l'ébranler.

Quels sont d'ailleurs les titres des royalistes ? Qu'ont-ils fait pour prétendre à plus de faveur que d'autres ? Ils ont agi pour leur propre cause. Ils ont combattu pour leurs propriétés. Leur sort n'a pas été pire que celui du roi. Beaucoup même en ont eu un plus heureux puisqu'ils avoient depuis long-tems retrouvé leur patrie et leurs biens. Enfin est-ce par eux que le roi est remonté sur son trône pour qu'il soit tenu de leur en faire part ? d'où leur viennent donc de si hautes prétentions ? Si elles sont admises ils apporteront le trouble dans l'état sans apporter au roi la force capable de le contenir, et lui donneront la guerre sans lui donner la victoire.

Il faut donc adopter franchement les jacobins. Il faut les adopter tels qu'ils sont, sans aucun souvenir de ce qu'ils ont été, commencer de bonne foi une nouvelle ère en France et laisser crier, s'il le faut, à la morale, aux principes, à l'injustice, à l'ingratitude. La raison de sauver l'état passe avant les considérations momentanées ou particulières.

Second plan.—Le parti qui vient d'être proposé a pour but de faire régner les jacobins par le roi. Il n'est point douteux que dans cette hypothèse il régnera sans peine ainsi que régnoient les rois fainéans sous l'empire de leurs maires, sauf qu'il est moins commode d'avoir dix mille tuteurs que d'en avoir un seul. Enfin son règne sera exempt de trouble par la raison qu'il ne régnera pas.

Pour se persuader une telle alliance possible on fait nécessairement un des deux calculs suivans.

Ou bien, parce que le roi n'est pas exempt d'idées libérales on prétend le croire dénué de tous sentimens royaux. De ce que des âmes dégradées tirent d'une noble source de coupables résultats on conclut qu'elle ne peut en produire de vertueux dans une âme élevée. De ce qu'on est parti du même point on pense avoir fait le même chemin, enfin de ce qu'un prince fut l'ennemi des lettres de cachet ou des corvées on voudroit le constituer l'ennemi des institutions monarchiques, ou, ce qui revient au même, l'allié naturel de leurs ennemis.

Ou bien, on regarde comme une chose facile et naturelle dans un souverain éclairé, religieux et qui a vécu assez pour voir les deux côtés de la révolution, dans un fils de St. Louis et d'Henri IV. de sacrifier ses principes, de rompre ses attachemens, d'abjurer sa plus intime religion et *de régner enfin par d'autres hommes et par d'autres idées.*

Admettons cependant cette étrange métamorphose. Il en résultera peut-être en effet un repos présent, mais à quel prix sera-t-il acheté, et que promet l'avenir si on s'impose la loi de renoncer à rétablir aucune des bases de l'état? C'est sacrifier les générations futures au plaisir de végéter en paix sur un trône précaire.

On parle de laisser crier à la morale et aux principes et de mettre avant eux la raison de sauver l'état. C'est comme si on parloit de brûler les roues pour ne songer qu'aux moyens de faire aller la voiture.

D'ailleurs ce motif de sauver l'état est une raison bannale, un texte prêt à tous usages et qui passe d'hommes en hommes et de crimes en crimes pour leur servir tour à tour de prétexte et d'excuse. On ne sauve l'état qu'en le rendant sain et sage, moral et religieux. Alors il se sauve tout seul et n'a pas besoin des empiriques politiques.

Le roi, quelque soit sa marche provisoire, ne doit pas songer seulement à régner sans trouble aujourd'hui, mais à préparer un règne paisible à ses successeurs. Il a besoin pour cela du pouvoir nécessaire pour détruire et créer. Il ne l'a point encore. Il faut donc qu'il tende à l'acquérir et n'entreprenne rien qu'il ne l'ait consolidé.

Résignons-nous donc pour le présent à laisser de côté, puisqu'il le faut, les opinions, principes, religions et inclinations, non comme choses inutiles et perdues, mais comme choses prématurées, et attachons-nous au point important qui n'est pas le règne de Louis XVIII, mais le salut de la monarchie. Cimentons une autorité légitime en France : mettons-la d'abord à l'abri des orages, et qu'elle ait le tems de rétablir sans trouble et par degrés ses droits, ses principes et ses appuis naturels, dût-il en coûter un siècle pour y parvenir, car, surtout dans un empire ébranlé, il faut exécuter les grandes choses sans secousses et pour ainsi dire imperceptiblement.

Où prendrons-nous donc cette force qui nous manque ?

Deux alliés se présentent. D'une part les royalistes, qui étant sans bien sont sans influence, qui étant épars ne forment pas un corps, et qui d'ailleurs sont foibles de tous les liens qui enchaînent les hommes honnêtes.

D'un autre côté les jacobins, qui réunissent les propriétés, les places, qui se tiennent, s'aident et s'entendent, enfin qui sont francs de tous ces liens qui captivent les autres.

Les seuls jacobins ont donc une force à offrir. Eux seuls doivent donc être choisis, puisqu'il ne s'agit encore que de force.

Il faut donc s'appuyer d'eux, mais ce n'est pas en les prenant pour réfuge, c'est en consentant à leur en servir. Ils ne doivent pas régner par le roi, mais le roi par eux. Enfin leur poids dans l'état ne doit pas résulter de son acquiescement, mais de sa volonté.

Vous ne pouvez détruire les jacobins que par eux-mêmes. Il faut, pour les renverser, leur emprunter la vigueur qui vous manque. Faites pacte avec eux pour les enchaîner à vous servir, les civiliser, les affoiblir, vous affermir à leurs dépens, et régner, d'abord par eux, ensuite sur eux, et enfin contre eux.

Ce résultat peut être long à obtenir, mais songez qu'en y mettant le tems vous les disperserez petit à petit dans l'état ; vous les atténuerez par degrés ; vous leur ôterez leur forme, leur esprit et leur corps, et, réduits à des individus, ils se trouveront sans puissance contre le trône qui en aura hérité ; au lieu qu'en publiant aujourd'hui vos desseins, qu'en les exécutant demain vous les trouverez partout réunis, armés et sur leurs gardes.

Troisième plan.—On propose de régner par les jacobins. Il faut, dit-on, les adopter, les agrandir, les endormir, les désarmer et les perdre.

C'est s'imposer une effrayante tâche politique, et dans un plan si compliqué mille choses, et seulement le tems, la versatilité humaine, un simple changement de ministère peut faire tout avorter. Quand à eux ils n'auront à faire qu'un travail simple et facile, en usant de leurs lumières pour vous pénétrer, et de leur force pour vous combattre.

D'ailleurs, du moment que vous remettez l'état entre leurs mains ils posséderont le ministère et les administrations. Comment donc votre tête leur nuira-t-elle quand vos bras seront à eux ? On fait ainsi des raisonnemens fort justes, fort conséquens de loin et spéculativement, mais quand on vient à l'exécution ils n'ont qu'un inconvénient, c'est de ne se trouver adaptés à aucune pratique. Ce sont de beaux instrumens, mais ils n'ont pas de manche.

Quittons donc les spéculations pour le positif. Ne cherchons pas le mieux possible où tout est le plus mal possible, mais faisons notre règne comme Solon faisoit ses lois, c'est-à-dire, pour le tems qui court et les hommes qui vivent. Il est sage en de certaines circonstances de se laisser aller au courant qu'on ne peut gouverner. Le long du chemin les ressources peuvent naître, les circonstances portent conseil, et on profite des avantages qu'elles offrent.

Il ne faut donc avoir les jacobins ni pour maîtres, ni pour alliés, ni pour victimes.

Il importe surtout de ne pas bouleverser l'état, de n'y pas faire ce qu'on appelle une contre-révolution. Pour le repos du roi et de la France les choses doivent, quand à présent, rester telles qu'elles sont. Prenons-les donc dans l'état où nous les trouvons.

Nous y voyons un parti puissant dans les jacobins. Nous en voyons un aussi dans les royalistes. Le premier n'a encore montré que de la haine, le second que du dévouement ; mais tous deux ont de l'énergie, donc tous deux peuvent devenir ou utiles ou dangereux.

Qu'on ne s'y trompe point : cette balance est réellement l'unique force, la seule base qui existe aujourd'hui. C'est dans son équipondération que le roi doit chercher les vrais élémens de sa puissance. Le roi est l'homme de la France: il n'appartient ni à un parti ni à l'autre, mais à tous; il doit donc régner entre les deux, tenir le fléau d'une main ferme, compenser les poids, et en maintenant la balance égale il rendra son règne absolu.

Qu'importe après cela que les partis s'accordent ou se combattent? S'il y a concorde, le roi régnera fortement dans la paix; s'il y a division, il régnera encore plus fortement dans le trouble. Dans les deux cas chaque parti recherchera sa faveur, sollicitera son appui; ce sera à qui voudra mieux mériter de lui, à qui se fera plus de titres auprès de sa personne. La division tiendra lieu d'émulation, et l'intérêt personnel de dévouement. De ce conflit réglé, de ce mouvement dans l'état, jailliront les talens, l'esprit public, et toutes les grandes choses qui en résultent.

A la longue ces divisions s'effaceront; alors le roi régnera sans parti, après avoir commencé par régner par eux.

Quatrième plan—On a dit dans le premier plan que les jacobins n'aspirent plus pour eux et pour l'état qu'au repos et à la conservation.

Mais on n'a point dit comment un état parvient au repos et à la conservation sans morale et sans religion.

Leur intérêt peut en effet les diriger vers ce but, mais à coup sûr leurs sentimens les en écartent.

Ces sentimens ont cessé d'être désordonnés. Qu'en résulte-t-il ? le repos d'une passion. Mais son principe reste, et il ne lui manque que des occasions pour s'exalter.

D'ailleurs, pourquoi veut-on que l'ambition, qui les a menés à conquérir, s'arrête tout-à-coup à posséder ? Ce n'est point ainsi qu'a agi celle de Buonaparte, la leur ; ce n'est point enfin la marche de l'ambition.

On doit donc croire les jacobins très-disposés à conserver, mais encore plus à acquérir.

On demande pour eux l'abaissement des ordres dont l'influence pouvoit leur faire ombrage.

Mais quand à cet égard on leur donneroit une pleine satisfaction, quand le roi professeroit un abandon complet de sa noblesse et un oubli total des grands motifs qui la lui rendent nécessaire, en existera-t-elle moins cette noblesse qui a précédé la troisième race, survécu à la révolution, et triomphé de la haine de Buonaparte ? Non, l'opinion publique est là pour perpétuer ce fantôme à leur inquiétude.

Ils avoient autrefois trouvé le seul moyen de supprimer la noblesse, c'étoit de détruire les nobles ; mais aujourd'hui, que moins fermes dans leurs principes, ils ne savent plus employer de ces moyens décisifs, il lui reste ce qu'ils n'ont pu lui ôter, ce qui est peu pour elle et rien pour l'état, mais tout pour eux, cette grandeur incorporelle que leurs coups ne peuvent atteindre, que leur orgueil ne peut supporter, et qu'il ne dépend pas plus du trône que d'eux-mêmes d'anéantir.

Nul calculs, dit-on, ne pouvoient les attacher à Buonaparte.

Mais d'abord, est-il sûr que Buonaparte n'eût pas exproprié ses ennemis pour enrichir ses amis? Est-il sûr qu'ils eussent renoncé à l'espoir de partager un jour quelques nouvelles portions de l'Europe ?

Et enfin, quand même tous les calculs d'intérêt les eussent séparés de lui, compte-t-on pour rien ceux d'inclination qui les en rapprochoient, la gloire et la sécurité d'avoir un confrère pour monarque, la certitude de ses sentimens, et le souvenir de sa complicité! Tous ces principes, qui devoient leur faire préférer Buonaparte à un Bourbon, sont prêts et à la disposition de quiconque voudra se mettre aux droits du premier.

On a parlé d'opérer lentement la réforme d'un grand mal et de l'achever s'il le faut en un siècle.

Si c'est un mal régulier, stationnaire, qui se laisse tranquillement et chymiquement décomposer par atômes, comme seroit un grand déficit dans les finances qu'on aime mieux combler goutte à goutte que détruire subitement par des impôts onéreux, c'est raisonner très-juste.

Mais si c'est un mal actif, contagieux, qui croît avec le tems, marche plus vîte que le remède et grandit d'une toise pendant que vous lui retranchez un pouce, comme par exemple s'il s'agit d'une religion qui achève rapidement de s'éteindre et n'est plus que viagère sur la tête de quelques vieillards, c'est raisonner fort mal.

Ce raisonnement, faux dans un exemple où il s'agit de créer, ne l'est pas moins où il s'agit de détruire.

Ainsi, proposer de miner par degrés l'esprit jacobin en lui laissant en même tems la puissance, c'est proposer de tuer un géant à coups d'épingle. En l'attaquant avec de telles armes vous le provoquez sans l'affoiblir, vous ménagez ses forces pour qu'il en use contre vous, et il doit vous avoir tué long-tems avant de l'être par vous.

En y mettant le tems, a-t-on dit, vous les disperserez petit à petit dans l'état ; vous les atténuerez, vous leur ôterez leur forme, leur esprit et leur corps.

Et c'est précisément ainsi qu'ils triompheront de vous : c'est ainsi qu'ils deviendront plus sûrement les maîtres de l'état, car leur esprit s'y sera par degrés répandu, nuancé, infusé, en sorte que ne montrant plus un parti distinct à combattre vous ne pourrez ni le démêler ni l'atteindre.

Mais, dira-t-on, pourquoi cet esprit, qui est celui du petit nombre, au lieu de vicier le peuple ne seroit-il pas réformé par lui?

Par l'éternelle et incontestable domination du vice sur la vertu, de la guerre sur la paix, de l'agitation sur le repos, enfin de la minorité violente sur la majorité tranquille. D'ailleurs à sa force l'esprit jacobin joint toutes les séductions : il est brillant, sophiste, spécieux ; il ôte les chaînes ; il affranchit les passions. Ce n'est plus à la populace, ce n'est plus en carmagnole qu'il parle ; c'est en habits dorés, c'est sous vos propres livrées, c'est vous-même enfin, c'est vos enfans qu'ils séduiront. La jeunesse est de droit à eux : elle leur appartenoit sous Buonaparte, que fera-t-elle sous Louis XVIII quand elle ne trouvera plus même de freins d'honneur, de foi et d'opinions pour l'arrêter et que vos fils respireront un poison légitime aux pieds du roi qu'ont servi leurs pères!

Le mal ne se rectifiera donc que par la forme, le bien se viciera par le fonds, et tout se nivellera dans une corruption moyenne. Il n'existera pas plus qu'auparavant de bases, et de principes, et il y aura de moins qu'aujourd'hui, dans le gouvernement la possibilité de les rétablir et dans la nation le désir de les voir rétablis.

Ainsi, en effaçant ces différences tranchées, œuvre de la révolution, qui donnoient au moins à la vertu le privilége d'être intacte, au vice la honte d'être notoire, infâme et séparé, qui laissoient enfin aux bonnes mœurs une place de sûreté et les affermissoient par la solitude, ce qu'une puissance illégitime n'avoit pu faire parce qu'elle leur étoit odieuse et suspecte, une puissance légitime le fera parce qu'elle leur sera chère et sacrée.

Ajoutons enfin cette dernière observation sur l'objet des deux derniers plans, que si le roi consent à se livrer absolument ou politiquement aux jacobins et que les étrangers raisonnent juste, la France en sera nécessairement moins ménagée par eux. Qu'ont-ils à craindre en effet? Rien autre chose que l'esprit jacobin. Si donc cet esprit est traité par elle en ennemi, ils la respecteront en alliée; si au contraire il en est favorisé, ils l'accableront en ennemie et affoibliront l'une pour anéantir l'autre.

D'un autre côté on a dit que le roi doit chercher sa puissance dans la balance des deux partis.

Cette idée d'une politique usée et que l'expérience a depuis long-tems exclue, n'est admissible que là où se rencontrent à la fois des circonstances telles que les choses ne peuvent s'y tourner autrement, une tête capable de les maîtriser et une force personnelle du trône, trop foible il est vrai pour éteindre les partis, mais assez solide toutefois pour être recherchée d'eux.

Cela put être ainsi à un certain point des catholiques et des huguenots, tous deux égaux en puissance, tous deux fondés à se dire les soutiens du trône, tout deux à coup sûr amis des principes qu'ils exagéroient ; mais cela ne peut sans injustice se supposer de même entre les jacobins, ennemis nécessaires de toutes ces choses, et les royalistes leurs défenseurs et leurs martyrs.

Cette vieille idée tient à cet adage d'une prétendue sagesse : " Que quiconque tient le milieu " est sage," ce milieu fût-il le ruisseau, ce milieu fût-il entre la vertu et le vice, entre le crime et l'innocence. Ce parti étant celui des foibles, qui sont le grand nombre, est devenu l'usage ordinaire, et de l'usage on a fait la règle comme des coutumes on fait les lois. Les lois d'Athènes avoient bien plus sensément jugé ce sophisme de la doctrine des milieux, en ordonnant que dans toute dissension civile chaque citoyen seroit tenu de prendre un parti.

Mais quoique on puisse faire, il est toujours arrivé que les partis étoient alternativement plus forts ou plus foibles ; par conséquent jamais d'égalité, à moins qu'on ne veuille prétendre que l'état ayant changé autant de fois de maîtres, de formes et de doctrines sous un parti que sous l'autre, il en résulte balance et équilibre entre eux.

Vous ne pourrez donc régner en faisant les parts égales au vice et à la vertu et dominant par leur union.

Vous ne le pourrez pas non plus par leur division, car celui des deux qui sera plus fort que l'autre sera nécessairement aussi plus fort que le trône à qui je ne vois entre eux aucune puissance que lui soit propre.

Il y a donc trois chances à courir. La première que les jacobins l'emportent net, ce qui n'est pas douteux si on leur accorde une préférence absolue ou politique comme dans le premier et le second plan.

La seconde, si on veut tenir la balance entre deux partis, que les poids s'équilibrent entre deux factions armées, c'est-à-dire, qu'elles soient tour-à-tour victorieuses ou vaincues. Alors si les royalistes ont des avantages passagers ils croiront pouvoir se faire à eux-mêmes la justice qu'on leur aura refusée. Ils se rendront redoutables ayant appris qu'on est ménagé quand on est craint. Si on sévit contre ceux qu'on devoit protéger, après avoir honoré ceux qu'on devoit châtier, le mécontentement exaltera leurs passions, les passions grossiront leur parti ; ils deviendront rebelles par l'abus de la fidélité. De là les réactions, les guerres civiles, où on verra des jacobins jouer le rôle de défenseurs du trône, et des royalistes celui d'agresseurs ; les premiers censés fidèles et légitimes, les seconds coupables et révoléts.

La troisième chance est que par un accord

paisible entre les deux partis il s'opère cette dangereuse fusion dont nous avons parlé, et qui, à vrai dire, reviendroit au même que la première, en donnant comme elle l'empire absolu aux jacobins.

On a dit enfin : " Qu'ont donc fait les royalistes " pour élever de si hautes prétentions ? Ils ont " combattu pour leur propre cause."—Sans doute, puisqu'elle étoit inséparable du trône : mais celui dont on a soutenu les droits aux dépens de son sang séparera-t-il par une analyse ingrate ce qui dans ce noble dévouement fut donné au pur amour ou au propre intérêt ?—" Leur sort fut le " même que celui du roi,"—parce qu'ils n'ont pas voulu séparer leur fortune de la sienne. —" Ils sont " rentrés dans une partie de leurs biens"—en proscrits qu'on pardonne. Ils ont reçu l'aumône de leurs propriétés ; mais hors cela seul n'ont-ils pas tout perdu ?—" Ont-ils rétabli leur roi sur son trône " pour qu'il soit tenu de leur en faire part ?"—Ils n'y ont pu consacrer que leur fortune et leur vie. Le succès ne fut pas de même en leur puissance ; mais est-on quitte envers celui qui s'est sacrifié pour vous quand il se perd sans vous sauver ? D'ailleurs, prouver que les royalistes n'ont pu seuls rétablir le trône, c'est seulement ajouter une preuve de plus à la puissance des jacobins et à la nécessité de les abattre. Enfin si on s'obstine à demander quels sont les titres des royalistes, la liste en est facile à déduire. Inflexibilité de leur opinion, dévouement éprouvé par le martyre, torture, exil, perte de leurs biens, mort de leurs proches, armée de Condé, Vendée, Quiberon, Bordeaux, Toulouse, Marseille.......voilà leurs titres, mais disons plus, voilà leurs garants. Quels garants vous offrent les autres? les uns accoutumés à leurs pertes ne vous demandent que du pain et de l'honneur, les autres gorgés de rangs et de richesses sont encore insatiables.

Mais après tout il ne s'agit point ici de considérer les royalistes comme un parti et les jacobins comme un autre, mais de considérer les premiers comme la France, ce qui est exactement vrai, et les autres comme une fraction tumultueuse qui, à l'abri d'un roi de sa secte, a tyrannisé la patrie et n'y peut plus rien du moment qu'on lui a ôté son chef et son armée. On dira peut-être: " De quoi " nous a servi d'avoir le grand nombre? n'a-t-il " pas plié sous l'invasion de Buonaparte?" Non, il n'a pas plié; c'est vous qui l'avez plié en lui laissant les jacobins pour chefs, en vous imposant des lois qui vous empêchoient de le défendre, en conservant l'armée qui devoit l'opprimer, en l'entourant d'ennemis civils et militaires. Vous l'avez voulu laisser tel qu'il étoit sous Buonaparte; Buonaparte l'a donc trouvé tel qu'il le falloit pour le subjuguer de nouveau. Suivez la même marche, et lui, ou tout autre, ou son souffle tout seul qui plane encore sur la France en tireront les mêmes résultats.

Résumons enfin l'objet de ce dernier plan. Peu de mots y suffiront, car ses idées sont déjà répandues dans le cours de cet ouvrage.

Le roi doit aller par la seule voie permise à un Bourbon, à un roi très-chrétien, à un fils de cette race antique si féconde en grands et loyaux monarques. Ce n'est pas à des ministres qu'il doit se consulter, mais à sa conscience et à ses ayeux. Que le trône ne soit rien au prix de l'honneur, et le trône sera bien gardé.

Qu'aucune main souillée ne touche à l'état, n'en porte ni les livrées ni les armes.

Amnistie à tout ce qui n'est que vil et vicieux: qu'ils vivent pour gémir et changer; mais guerre au vice et à l'infamie; pardon aux hommes, mort aux principes.

Enfin que tout, excepté des spoliations violentes, ait pour but prochain ou lointain, mais éternel, de recréer sur des bases inébranlables tout ce qui fut grand et respecté en France, non tel qu'à la fin d'un siècle de démence, mais tel qu'à l'aurore du vrai siècle de lumières, au commencement de la grande ère de Louis XIV.

Quand cinquante ans d'efforts auront atteint ce but, la France pourra renaître et vivre âge de peuple; mais s'ils ne sont pas puissans et uniformes elle achevera de mourir avant de l'atteindre.

Un homme suffit à toutes ces choses. Un homme sur le trône a toujours fait ou perdu son siècle ; lui tout seul en est vraiment comptable, et l'histoire cherche en vain des circonstances de chûte ou de prospérité là où toujours la fermeté d'un monarque juste a tout sauvé, la foiblesse d'un bon roi a tout laissé perdre, ou la violence d'un tyran a tout renversé.

La même épreuve se représente aujourd'hui.

Que le roi consente donc à rentrer dans ses états autrement qu'en maître.

Qu'il reçoive son trône des mains des jacobins.

Qu'il règne en vertu d'une transaction tacite ou patente avec ses ennemis.

Qu'il consente à conserver l'armée de Buonaparte.

Qu'il s'impose une chartre incapable de le soutenir.

Qu'il s'interdise par elle tous moyens avenir de rétablir aucuns des grands corps ou des grands principes de l'état.

Enfin qu'il commence dès sa rentrée par ne montrer que clémence et paternité, c'est-à-dire à refuser justice à ses sujets qui y ont droit et au trône qui l'exige.

Alors jugé foible dès ses premiers pas (car ce qui put s'imputer à sagesse en 1814 sera nommé foiblesse en 1815) il redonnera force et audace à ses ennemis et inspirera crainte et défiance à son peuple. La France, qui pour prix et terme de ses maux attendoit un gouvernement ferme, se découragera dans le vague et l'incertitude d'un règne sans vigueur, et tout s'y tiendra prêt, les uns à souffrir, les autres à favoriser de nouveaux troubles.

Cette même foiblesse livrera ou laissera l'administration à la race de Buonaparte ou la rendra sans force contre elle. Les ennemis de l'état deviendront encore inviolables comme citoyens de l'état, les tribunaux leur serviront de réfuge et non de frein.

Des chefs de parti, des hommes aujourd'hui fidèles, demain rebelles, quelques membres de cette famille détrônée, échappés dans le vaste champ qu'aura ouvert la clémence royale, se créeront des titres personnels ou étrangers, tireront parti de la disposition vacillante de la France, et si on ne voit pas une nouvelle chûte du trône, si on ne voit pas des provinces agitées, soulevées ; au moins il se perpétuera un désordre de gouvernement, une mutinerie de résistance, une sourde et continuelle inquiétude du peuple qui le rendra facile à pervertir*. Au moins il subsistera

* Dès aujourd'hui cet état de crainte et d'incertitude s'est propagé dans toute la France. Un début foible a suffi pour l'y répandre. Chacun se dit: " Les choses ne peuvent durer ainsi." (et cette conviction suffit à elle seule pour que les choses ne durent pas) Personne ne sait quelle catastrophe il craint, mais tous en craignent une, hors ceux

une négation absolue de toute religion et de tous principes par laquelle ce peuple perdra petit à petit l'habitude de l'esclavage sans perdre le goût de la licence, s'affranchira du frein du despotisme sans acquérir celui de la religion, et le roi se trouvera bientôt régner sur une nation aussi perverse et moins soumise. Enfin il arrivera que les jacobins, qui hériteront de toute la force que le roi laissera perdre, livreront le gouvernement, même en s'en faisant les soutiens, à une tourmente perpétuelle. On voudra un roi, mais martyr, une monarchie, mais agitée, et une bourasque réglée désolera l'état, y desséchera le commerce et l'agriculture, en exilera le bonheur, la paix et les mœurs, et l'empêchera de se reposer sur aucune base solide jusqu'à ce qu'il arrive un de ces trois événemens.

Ou qu'une guerre étrangère morcelle le royaume affoibli.

Ou qu'un parti enhardi porte au trône un roi de son choix.

---

qui l'espèrent. Le terme de ces craintes et de cet espoir est le départ des étrangers. C'est alors (si on commet l'imprudence de les laisser partir tous) que vous verrez grossir l'effroi des uns et l'audace des autres ; c'est à cette époque où vous aurez besoin d'une force décuple pour remplacer la force réelle manquante, comprimer l'opinion rebelle et rassurer l'opinion fidèle ; c'est alors qu'au contraire vous vous trouverez dénués de toutes forces pour vous être ôté dès l'origine les moyens d'en avoir.

Ou qu'un Henri IV arrive après une guerre civile pour courber tout sous une volonté inébranlable et faire de la France un nouveau peuple et un nouveau pays.

En terminant cet ouvrage nous croyons devoir répéter que nous nous sommes permis d'y laisser subsister beaucoup de choses qui ont été écrites pour l'avenir et qui se trouvent imprimées pour le passé. Deux raisons nous y ont déterminé. La première que leur suppression eût porté trop de dérangement dans notre plan. La seconde que des exemples récens prouvent que des réflexions tardives pour les circonstances passées peuvent trouver leurs places gardées dans des circonstances futures.

FIN.

TABLE DES MATIERES.

Titres des Chapitres.	*Analyse des Chapitres.*	Page
Avant propos...... iii		
CHAP. I. — *Comparaison de l'état de l'Angleterre au retour de Charles II et de la France à l'avénement de Henri IV avec celui de la France à la restauration de Louis XVIII....* 1	En Angleterre la révolution n'avoit duré que onze ans. Rien ne lui attachoit le peuple: le fanatisme étoit éteint: l'amour du roi survivoit. Cromwell n'avoit opéré aucun grand changement dans l'état, hors lui-même. Il étoit mort, sa famille sans crédit, le parti du roi tout puissant et le gouvernement affermi par une sage administration....................	2
	En France la ligue n'avoit ni ne pouvoit avoir un chef comme Cromwell. Elle manqua d'appuis solides, et au lieu de régner sagement comme le protectorat elle déchira la France et elle-même. Mais tous les élémens de l'état subsistoient. Eux-mêmes dirigeoient la guerre civile: l'état étoit donc agité, mais solide................	6

M

Titres des Chapitres.	*Analyse des Chapitres.*	Page
	En 1814 tous les élémens de l'état étoient détruits. L'état avoit de fait cessé d'exister. Aucun rapprochement ne peut donc avoir lieu entre ces trois époques	7
CHAP. II.—*De la situation de la France à l'époque de la restauration de* 1814.. 9	Nulles bases de l'état ne subsistoient	9
	§. 1er.—*Grands corps.* Ils étoient détruits et remplacés par une constitution sans force.	10
	§. 2.--*Religion.* Elle étoit éteinte sans offrir même de matériaux pour la rétablir............	14
	§. 3.—*Morale publique.* Dénuée de toute base honorable, elle s'étoit réduite à deux points, vanité et goût de la dissipation................	18
	§. 4.—*Administration.* Elle n'étoit plus paternelle, mais égoïste, militaire et ruineuse..	24
	§. 5.—*Magistrature.* Elle étoit trop peu considérée pour former une colonne de l'état..	29
	§. 6.—*Finances.* Elles étoient au dernier point de désordre....	30
	§. 7.—*Etat militaire.* L'armée étoit devenue inutile contre l'Europe et dangereuse contre la France................	31

Titres des Chapitres.	*Analyse des Chapitres.*	Page
	§. 8.—*De Buonaparte.* Considéré comme général........	35
	comme politique	39
	comme législateur	41
	comme administrateur..	id.
	comme promoteur des lettres, sciences et arts..	43
	Son caractère.........	46
	Résumé de ces considérations.............	51
CHAP. III.—*De ce qu'il convenoit de faire dans cette situation..* 54	Le sujet de ce chapitre rentrant dans celui des chapitres IV et VII, on s'est contenté d'en indiquer le but.	
CHAP. IV.—*De ce qui a été fait*........55	§ 1.—*Au moment de la restauration*..................	55
	Ou conserva la vie à Buonaparte et le pouvoir aux Jacobins. Ce premier pas décida de tout et l'édifice resta sous un Bourbon ce qu'il étoit sous Buonaparte à la force près....	56
	L'armée fut maintenue par deux faux calculs, l'un, qu'elle étoit moins dangereuse réunie que dispersée, l'autre, qu'elle étoit nécessaire vis-à-vis des puissances étrangères........	58
	§ 2.—*Dans l'année qui suivit.*	61
	On s'imposa la loi de res-	

Titres des Chaptres.	*Analyse des Chapitres.*	Page
	pecter toute l'œuvre de la révolution, et on fit une chartre foible sans se ménager les moyens de la modifier	63
	Examen des moyens qu'on eût pu employer	64
	On livra l'administration à des ennemis instruits plutôt qu'à des amis ignorans	66
	On rebuta ceux-ci de peur d'offusquer les autres	67
	On conserva la police de Buonaparte	69
	On n'opposa aux complots qu'une constitution foible, des tribunaux douteux et une volonté incertaine	70
	On exalta imprudemment un parlement accoutumé à flechir	71
CHAP. V.—*De l'état de la France lors de l'invasion de Buonaparte* 73	Cet état étoit brillant, mais superficiel	73
	Il n'avoit en lui nul élément de durée. Noblesse, clergé, propriétaires, magistrature, administration, rien n'avoit fait même le premier pas vers la réforme ou l'amélioration	74
	Il conservoit tous les élémens de destruction, foiblesse du peuple, mécontentement de l'armée, police vendue à Buonaparte, etc.	78

Titres des Chapitres.	*Analyse des Chapitres.*	Page
CHAP. VI.—*De ce qui est arrivé et devoit arriver dans de telles circonstances* 83	Buonaparte débarquant en France eût été détruit par le peuple, s'il n'eût pas trouvé l'armée pour auxiliaire. Il ne dut qu'à elle ses succès	83
	On a dit des François : " Ce " sont des lâches qui se sont " laissés asservir par une poi- " gnée d'hommes, ou des traî- " tres qui se sont faits leurs " complices."	85
	Discussion de ces deux imputations	85
	Examen de la conduite de l'armée	89
	Idées sur le serment	90
	Conduite de l'administration.	92
	Trois classes d'hommes ont gardé leurs places sous Buonaparte	93
	Les premiers par trahison ..	id.
	Les seconds par foiblesse...	id.
	Les derniers par dévouement à la cause du roi	95
CHAP. VII.—*De ce qui devoit arriver quand Buonaparte seroit sur le trône et jusqu'à ce qu'il en descendît*..97	Buonaparte, tant qu'il ne vit pas la guerre inévitable, dut s'occuper de trois choses	97
	1°. Accroître ses amis	id.
	Coup-d'œil sur les Jacobins.	id.
	Pacte entre eux et Buonaparte	101

Titres des Chapitres.	*Analyse des Chapitres.*	Page
	2°. Calmer ses ennemis....	103
	3°. Se concilier l'Europe...	105
	Observations sur l'événement qui a abrégé son règne, et rapprochement entre Buonaparte et Lord Wellington.....	107
CHAP. VIII. — *De ce qui seroit arrivé si l'Europe ne s'étoit pas armée contre Buonaparte, ou si elle avoit tardé à le faire* 111	1°. A l'égard de la France, que Buonaparte eût régné jusqu'à ce que son ambition l'eût de de nouveau précipité du trône; qu'il eût régné en Guillaume-le-Conquérant, dotant le peuple vainqueur aux dépens du peuple vaincu	111
	2°. A l'égard de l'Europe, qu'il eût fait de la France une pépinière militaire, ressuscité l'esprit de 1792, et recommencé un jour les folles conquètes de la révolution...............	113
CHAP. IX.—*De ce qui convient aux circonstances présentes.* 116	1°. De la part des puissances de l'Europe.	
	Insister sur l'entière destruction de l'armée et sur l'anéantissement des jacobins, deux points sur lesquels ils ont droit de s'interférer dans les affaires intérieures de la France	118

Titres des Chapitres.	Analyse des Chapitres.	Page
	2°. De la part du roi.	
	Profiter des leçons de Buonaparte et de tous les moyens, expérience et lumières qu'il a de plus qu'en 1814; quitter les spéculations pour l'action, désarmer l'armée nationale, en garder une étrangère	120
	Changer les administrations.	125
	Punir les grands coupables.	126
	Délivrer la terre de Buonaparte	id.
	Tenir sa famille en lieu de sûreté	128
	Après ces mesures vigoureuses donner à la France une chartre qui mette l'autorité royale hors de tutelle........	id.
CHAP. X.—*De ce qu'on doit craindre si on suit après la seconde restauration la même marche qu'après la première*...... 136	Quatre plans de conduite ont dû être discutés..........	136
	Le 1er, régner de bonne foi par les jacobins, en laissant les choses telles qu'elles sont, et les considérant comme ennemis naturels de Buonaparte et alliés nécessaires du roi......	id.
	Le 2d, régner politiquement par eux, emprunter leur appui pour s'affermir, les soumettre et les neutraliser	140

Titres des Chapitres.	*Analyse des Chapitres.*	Page
	Le 3e, régner par un équilibre exact entre les deux partis, royalistes et jacobins........	144
	Le 4e, régner par les royalistes seuls et suivant le vœu de la France, en excluant partout les Jacobins, détruisant leur esprit et rétablissant par degrés toutes les anciennes institutions	146
	Ce qui doit arriver si on ne suit pas ce dernier plan......	157

FIN DE LA TABLE DES MATIÈRES.

De l'Imprimerie de R. Juigné, 17, Margaret Street, Cavendish Square.

www.ingramcontent.com/pod-product-compliance
Ingram Content Group UK Ltd.
Pitfield, Milton Keynes, MK11 3LW, UK
UKHW020141200726
13856UKWH00003B/791

9 782011 743671